THREAD

만드는 사람

CEO 이연대 **특장** 메타세쿼이아 나무지만 출근 시엔 씨앗으로 몸을 숨김	**Director 신아람** **특장** 위급할 때 직각표기에서 빛이 남
Senior Editor 이현구 **특장** 집과 헬스장과 회사를 잇는 땅굴 보유 중	**Editor 이다혜** **특장** 어머 라고 외치면 반경 1km까지 들림
Editor 김혜림 **특장** 고민할 때 수염을 쓰다듬지만 수염이 없음	**Editor 정원진** **특장** 수년 전 귀로 날 수 있는 방법을 터득했지만 비밀을 숨기고 있다
Lead Designer 김지연 **특장** 백화점 화장실을 좋아함 _표지 디자인 및 만화	**Designer 권순문** **특장** 술을 마시면 끝까지 가는 타입 (주량: 와인 한 잔) _내지 디자인
Operating Mgr 조영난 **특장** 늘 먹고 있지만 늘 배고파함	**Community Mgr 홍성주** **특장** 가시로 오해 받지만 사실은 털
Intern 민혜린 **특장** 사슴이 되고 싶은 노루	

《스레드》는 북저널리즘 팀이
만드는 종이 뉴스 잡지입니다.
이달에 꼭 알아야 할 비즈니스,
라이프스타일, 글로벌 이슈의
맥락을 해설합니다.

스레드에 수록된 글과 그림을
이용하려면 반드시 저작권자와
㈜스리체어스의 동의를 받아야
합니다.

THREAD ISSUE 3. CRACK

발행일 2022년 8월 1일
등록번호 서울중, 라00778
발행처 ㈜스리체어스
주소 서울시 중구 한강대로 416 13층
홈페이지 www.bookjournalism.com
전화 02 396 6266
이메일 thread@bookjournalism.com

THREAD

목차

 무더운 8월이네요! 《스레드》 3호에 오신 여러분 환영합니다. 이번 호에는 어떤 이야기들이 우리를 기다리고 있을까요?

 ↪ 3호의 커버 일러스트는 주제인 균열의 의미와 가능성에 초점을 맞춰 봤어요. 세상은 균열을 넘어서며 발전하기도 하잖아요! 다양한 관점과 시각을 담은 그래피티 일러스트로 3호 주제를 표현했답니다.

오대양 육대주, 상식이죠? 그러나 온 세계가 하나의 땅덩어리였던 때가 있습니다. 불과 3억 년 전 존재했던 초대륙, 판게아 이야기입니다. 그 하나의 땅덩어리가 떨어져 나가 여섯 개의 대륙이 탄생한 것처럼, 인류가 만들어 낸 초연결의 세상에도 균열이 생기기 시작했죠. 그 틈을 무섭게 벌리고 있는 것은 바로, 알고리즘입니다.

 ↪ 알고리즘이라고요? 무슨 이야기인지 벌써 궁금한데요!
 ↪ 공동체를 위한 공동의 디스플레이가 힘을 잃었다는 사실이 새삼 실감 났어요.

 '포캐스트' 챕터에선 쇼트폼 여섯 편을 만날 수 있어요. 바쁜 독자들을 위해 이달에 꼭 알아야 할 이슈만 선별했어요. 단순한 사실

전달을 넘어 새로운 관점과 해석을 제시합니다. 쇼트폼엔 어떤 주제가 실렸을까요? 순서대로 소개해 드릴게요.

연애의 조건 _ 22p

독자 여러분께서는 연애, 하고들 계신가요? 제가 멍~하니 살아가는 사이 연애의 조건이 달라졌더라고요. 불행히도 혐오 시대의 연애는 훨씬 조심스럽고 민감한 질문으로 시작해야만 할지도 모르겠습니다. 시작하는 연인들 앞에도 균열이 놓여있기 때문입니다. 여러분의 연애 체크 리스트엔 어떤 항목들이 올라가 있나요?

> ↳ 사회의 균열이 연애에 조건을 형성한다는 것이 문득 이상하게 다가왔어요.
> ↳ 나와 다른 사람의 의견을 듣는 일이 점점 더 어려워지고 있어요.

OTT로 넘어간 축구공 _ 30p

요즘 넷플릭스 켜면 뭘 보시나요? HOXY… 콘텐츠는 쏟아지는데 그중 볼 것은 없는 난감한 경험을 하고 계시진 않나요. 이젠 OTT 플랫폼들이 스포츠 콘텐츠에 눈을 돌리기 시작했습니다. 애플TV+가 미국 프로 축구 리그를, 쿠팡플레이는 K리그를 독점 중계합니다. 온 가족이 둘러앉아 TV로 시청하던 스포츠, 이젠 침대에 누워 핸드폰 화면으로 보게 될까요?

> ↳ 얼마 전에 쿠팡플레이로 NFL을 처음 봤는데 재미있더라고요!
> ↳ 스포츠 중계에 OTT 산업이 들어오면서 많은 것이 바뀌었어요. 스포츠는 더 이상 공공재가 아니에요.

미국은 깨졌다 _ 38p

여러분께 올해 중순 가장 큰 뉴스는 무엇이었나요? 저는 단연 미국의 '로 대 웨이드(Roe v. Wade)' 판결 번복이라고 생각합니다. 49년간 이어진 판례가 순식간에 뒤집혔어요. 임신 중단은 미국에서 보수와 진보, 레드와 블루를 가르는 정치적 도구로 이용돼왔습니다. 둘로 쪼개진 미국, 가치가 깨진 미국의 상황을 들여다봅니다.

↳ 임신 중단은 하나의 사례일 뿐, 동성애, 인종 이론, 총기법까지 다양한 균열이 미국을 둘러싸고 있어요.

↳ 미국만의 이야기가 아니라는 사실이 씁쓸해요.

노 모어 스테로이드 _ 48p

여름맞이 PT 대박 세일! PT 20회 + 3개월 이용권… 소셜 미디어에는 바디 프로필이 넘쳐나요. 그런데요, 정작 보디빌딩계는 그야말로 약물 판입니다. 이제는 일반인들도 불법 스테로이드를 손쉽게 구매할 수 있는 시대죠. 약물은 비단 개인의 선택일까요? 헬스에 진심인 미어캣이 그 내막을 꼼꼼히 알려드립니다.

↳ 식약처에서 불법 스테로이드 약물을 처벌하겠다고 했어요! 보디빌딩에 만연했던 약물 문제는 해결될 수 있을까요?

A세대가 온다 _ 60p

밀라논나, 박막례 할머니… 멋진 왕언니들이 많아지는 요즘입니다. 구매력 있는 노년층을 뜻하는 'A세대'라는 신조어도 등장했는데요! 경제 활동을 하지 않고, 절약하는 이미지가 강했던 노년층이 이제는 다르게 보입니다. X세대, MZ세대에 이어 A세대는 한국 쇼핑 문화에 어떤 반향을 불러올까요?

> ↳ 소비자로서의 Z세대를 바라보는 시각은 많았지만, A세대라니…? 신박한데요!
> ↳ 우리 사회가 점점 고령화돼가는 탓도 있겠죠!

밈은 나의 무기 _ 68p

Z세대는 틱톡에만 있다고요? 그건 착각입니다. 리오프닝과 함께 Z세대가 슬슬 밖으로 나오고 있습니다. 외국 10대들이 양복을 입고 〈미니언즈2〉 상영 극장에 몰려가 난동을 피우고 있는데요. 온·오프라인 모두 Z세대의 놀이터가 된 지금 #gentleminions는 단순한 챌린지가 아닙니다. 틱톡 세대의 문화, 궁금하지 않으세요?

> ↳ 틱톡은 한 번 켜면 계속 밑으로 내리게 돼요…
> ↳ 밈은 권위를 무너뜨리기도, 또 때로는 권위에 편승하기도 해요. 개구리 페페의 사례만 봐도 알 수 있죠.

이어지는 '톡스' 코너에서는 사물을 다르게 보고, 다르게 생각하고, 세상에 없던 것을 만들어 내는 사람들의 이야기를 담아요. 《스레드》 3호에서는 정지돈 소설가를 만나봤어요.

우리 모두는 픽션 속에 산다 _ 77p

지구가 평평하다고 믿는 사람들이 있는 걸 아시나요? 누군가는 마크

주커버그가 파충류라고 생각한대요! 터무니없는 소리라고 생각한다면 주목해주세요! 얼마 전 SF 소설 《…스크롤》을 내놓은 정지돈 작가와 함께 음모론 이야기를 나눠 봤어요. 왜 사람들은 음모론에 현혹될까요? 어쩌면 음모론의 구조는 현실 세계의 구조와 맞닿아 있지 않을까요? 이런저런 물음표와 함께 정지돈 작가의 이야기를 들어봐요!

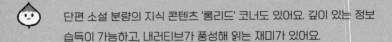 유색 인종이 백인 문화를 위협한다고 믿는 대체주의 음모론은 서구 백인 사회를 잠식하고 있어요. 우리의 현실과 음모론은 멀지 않은 이야기예요.

 단편 소설 분량의 지식 콘텐츠 '롱리드' 코너도 있어요. 깊이 있는 정보 습득이 가능하고, 내러티브가 풍성해 읽는 재미가 있어요.

치수(治水)가 만사(萬事) _ 93p
재난의 시대입니다! 한쪽에서는 물이 없어 고생하고 다른 한쪽에선 물이 넘쳐 피해를 입고 있죠. 중국에서는 기술을 빌려 새로운 실험을 하고 있다고 하는데요. 과연 인간은 기술에서 다시 한번 답을 찾을 수 있을까요? 이번 롱리드는 기후 변화와 수자원에 대한 글을 쓰는 작가 에리카 기스가 《가디언》에 기고한 글이에요.

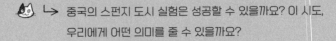 중국의 스펀지 도시 실험은 성공할 수 있을까요? 이 시도, 우리에게 어떤 의미를 줄 수 있을까요?

《스레드》 3호에서는 지금까지 소개해 드린 아홉 가지 이야기를 담았어요. 그럼 이제부터 《스레드》를 시작해 볼까요?

DAWN REDWOOD
PARK

이달의 이야기에선 한 가지 주제를 깊이 다뤄요.
단순한 사실 전달을 넘어 새로운 관점과 해석을 제시해요.
함께 읽고 생각을 나눠요.

부서지고 있다

독자 여러분, 혹시 외롭지 않으세요? 가족과 친구와 연인과 함께
있는데 전혀 함께 있지 않은 것 같은 기분이 드는 때는 없으신지
궁금합니다. 대화를 나누고 있지만, 서로 같은 이야기를 하는 것이
맞나 싶을 때도 있죠. 균열 때문입니다. 너와 나 사이에 생겨난 이
틈은 어디서 왜 생긴 것일까요? 게다가 어느샌가 이 현상은 우리 사회
전반으로 확장을 마친 상태입니다. 이 균열이 온 세계를 부서트리고
있습니다. 생각의 차이라고 간단히 정리하기엔 너무나 치명적입니다.
《스레드》는 이번 달, 이 위험한 현상에 관해 이야기합니다.
__ 신아람 에디터

안녕하세요. 북저널리즘 신아람 디렉터입니다.

작가 민복진의 작품을 보고 있노라면, 저는 좀 섬뜩해집니다.

특히 '가족'이라는 이름이 붙은 수십 개의 조각상 앞에 서면 그렇습니다. 하나같이 끊어낼 수 없는 진득한 인연으로 묶여버린 아이와 어머니, 그리고 아버지를 표현하고 있기 때문입니다. 저 셋 중 그 누구도, 벗어나고 싶다 하여 벗어날 수 있는 관계가 아니라는 생각이 들고 마는 것입니다.

©그림: 권순문

많은 이들이 민복진의 작품 앞에서 알 수 없는 온기를 느끼고 안도감을 느낀다고들 이야기합니다. 어머니의 품으로 돌아간 것 같은, 안심할 수 있는 가족의 품으로 돌아간 것만 같은 기분이겠죠. 그러나 저는 그 다정한 작품들 앞에서 현실을 생각하고 맙니다. 지금이야말로 가족이라는 공동체가 가장 노골적으로 부서져 버린 시대라는 생각 말입니다.

물론, 가족의 형태는 제각각이며 모두의 사정은 다릅니다. 그러나 2022년, 우리 모두를 지배하는 공통의 메커니즘이 존재합니다. 바로, 알고리즘입니다.

90년대만 하더라도 저녁 시간에는 가족들이 거실에 모이곤 했습니다. TV가 있었기 때문입니다. 개인이 손쉽게 즐길 수 있는 가장 강력한 콘텐츠가 32인치 TV 화면에서 뿜어져 나왔습니다. 어머니도 아들도, 같은 드라마를 볼 수밖에 없었죠. 주말에는 모로 누운 아버지와 딸이 리모컨을 두고 다투다 결국 함께 야구 중계를 봤습니다. 대화가 있든 없든, 같은 것을 보고 같은 것을 생각할 시간이 분명히 있었다는 이야기입니다.

그러나 지금은 다릅니다. 가족 공동체를 위한 디스플레이는 힘을 잃어버리고 개인은 스마트폰 안에 갇혔습니다. 그리고 각자의 취향을 단초로 생성된 알고리즘이 무엇을 읽고, 듣고, 볼 것인지를 결정합니다. 그래서 우리는 점점 달라집니다. 같은 집에 살지만, 각자 다른 세계 안에 사는 것입니다.

민복진의 다정한 조각 앞에서, 저는 아버지와 어머니와 아이가 각기 다른 생각을 하고, 때로는 반목하고 갈등하면서도 서로에게서 벗어나지 못하는 순간을 목격하고 맙니다. 어쩌면 뉴스를 너무 많이 접하며 살아가는 제 업(業)이 문제일지도 모르겠습니다. 그러나 저는 이러한 부조리를, 작가도 어느 정도는 알고 있었다고 생각합니다. 근거가 있습니다.

조각상을 자세히 들여다보면, 가족은 결코 서로를 바라보지 않습니다. 가족은 시선을 밖으로 돌리고, 어머니와 아이가 부둥켜 끌어안고 있는 모자상의 경우에는 얼굴을 마주할지언정 눈은 마주치지 않는 것입니다. 실제로 민복진은 어린 나이에 후손이 없던 큰아버지 댁에 양자로 들어갔다고 합니다. 그리고 그 큰아버지는 작가가 아직 어린 나이였을 때 세상을 등지고 맙니다. 작가는 아버지 없는 유년을 보냈습니다. 그리고 두 명의 어머니를 섬겼습니다. 어머니라고 부를 수 있는 어머니와 어머니라고 부를 수 없는 어머니 말입니다. 작가 안에 내재한 관계의 왜곡과 부재가 벗어날 수 없는 인연으로 서로를 옭아맨 가족을 창조해 낸 원동력은 아니었을까요?

　　민복진의 시대에도 우리는 가족 안에서 일어나는 균열에 신경을 곤두세웠습니다. 그러나 역사상 그 균열이 가장 강력한 힘을 발휘하고 있는 때가 지금이라는 사실에는 동의하지 않을 수 없습니다. 그래서 작가의 작품을 마주하는 우리가, 새삼 미묘한 감정들에 사로잡히고 마는 것이겠지요. 가족은 우리 사회의 가장 작은 공동체입니다. 가족의 균열은 우리 사회가 얼마나 작게 바스러져 가는 중인지를 나타내는 지표 같은 것일지도 모르겠습니다.

©그림: 권순문

판게아의 세계

타인을 이해하고 타인에 공감하기가 참 어려운 시절입니다. 연애만 하더라도 그렇습니다. 포캐스트 〈연애의 조건〉이 조망한 것처럼, 요즘 연애의 키워드는 '페미'입니다. (물론, 이 단어의 쓰임과 함의에 관해서는 논란이 있으며 혐오를 내포하는 모든 용어에 북저널리즘은 반대함을 말씀드립니다) 상대방을 알아가고, 서로가 서로에게

번져가는 과정이 아마 연애의 본질일 겁니다. 그러나 그 이전에
상대방이 나를 '혐오'하지는 않을지, 내가 상대방을 '혐오'하게 되지
않을지, 너와 나 사이 균열의 깊이부터 확인해야만 하는 시대가
되었습니다.

　　이러한 현상은 개인 간의 관계에만 머무르지 않습니다. 이현구
선임 에디터의 〈미국은 깨졌다〉는 사회와 국가를 분리하는, 폭력적인
균열을 드러냅니다. 지난 6월에 내려진 미 연방대법원의 '낙태권 폐지'
판결은 이미 쪼개질 대로 쪼개진 사회를 공식적으로 천명한 사건이었을
뿐입니다. 대체 언제부터 우리는 이렇게 직접적인 균열을 끌어안고
살아가게 된 것일까요?

　　사실 온 세계는 하나였습니다. 말 그대로, 별다른 틈 없이 하나로
뭉쳐져 있었죠. 3억 년 전, 즉 고생대 말기부터 중생대 초기 시절에만
해도 그랬습니다. 초대륙, '판게아' 얘깁니다. 온 세상이 하나의
대륙과 그 주변을 둘러싸고 있는 바다였던 시기, 이 세상의 생태계는
하나였습니다. 그러나 대륙이 쪼개지고 세상이 분열되면서 고립이
시작됩니다. 서로 섞이지 못하고 각자의 진화를 거듭하게 된 것입니다.

©일러스트: Hein Nouwens

　　'키위'라는 새를 보면 그 고립이라는 것이 얼마나 극단적인

형태를 만들어낼 수 있는지를 쉽게 알 수 있습니다. 뉴질랜드는 천 년 전까지만 해도 육지로부터 완전히 고립된 섬이었습니다. 어느샌가 새들의 천국이 된 이 섬에는, 그래서 날지 못하는 새들이 생겨났습니다. 이들을 잡아먹을 포유류가 없었기 때문입니다. '키위'도 그중 한 종입니다. 이 새의 몸통은 정말 과일 키위처럼 생겼습니다. 부리는 얇고 길쭉하죠. 신기한 점은 바로 알입니다. 어미의 몸이 가누기 어려울 정도로 아주 크고 무겁게 자라난 뒤에야 세상 밖으로 나옵니다. 그래서 원래부터 날 줄 모르는 어미 새는 알을 품은 기간에는 걷는 것도 힘겨워합니다. 온몸을 뒤뚱거리며 어기적댈 뿐이죠. 만약 유럽 대륙에 이런 생물이 있었다면 아마 매우 짧은 기간 안에 포식자의 좋은 먹이가 되어 멸종에 이르고 말았을 겁니다.

지구보다 한참 어린 인류에게도 하나의 세계와 분열, 그리고 그 결과에 따른 고립의 상상력이 있었습니다. 대표적으로 바벨탑을 들 수 있겠습니다. 모두가 하나의 언어를 공유했던 먼 옛날, 콧대가 높아진 사람들이 하늘에 닿을 만큼 높은 탑을 쌓아 올렸다는 환상적인 이야기. 그리고 그 불경한 시도의 대가는 언어의 혼란이었습니다. 여기부터는 실재의 역사입니다. 언어가 쪼개지면서 사람들은 힘을 잃었고, 그 결과 하나의 언어 문화권 안에서 고립과 진화가 일어납니다. 우리가 흔히 말하는 영미권, 중국어권 등과 같은 분류가 가능해진 겁니다.

나를 둘러싼 균열

그러나 21세기 세계는 다시 한번 판게아 시대를 맞게 됩니다. 세계화의 시대, 온라인의 시대 말입니다. 국경이 흐려지면서 사람들이 섞이고, 생각이 섞였습니다. 삼투압에 의해 물질이 퍼져나가듯, 경제적 압력에 따라 노동 이민이 대량으로 발생했습니다. 파괴력을 지닌

주장은 선악과 진위를 따지지도 않은 채 SNS를 타고 지구 반대편에
가 닿았습니다. 2000년대 서구 세계의 입장에서는 이슬람 문화권의
위협이라는 형태로 이 현상을 맞이하게 됩니다. 이민 노동자들이
급증하면서 이에 따른 사회적 갈등이 극에 달하고, IS(이슬람 국가)로
대표되는 이슬람 극단주의의 마수가 유럽 국가의 청소년들까지
유혹하기에 이른 것입니다. 그러나 이러한 현상은 OECD 국가들이
저물가와 갑자기 확장한 관계 맺기의 가능성을 즐기는 대가에
해당합니다. 이른바 '선진국'에서 초고속 WiFi를 즐기며 페이스북과
인스타그램의 '좋아요'에 집착하는 동안, 유럽의 건축 현장에서 빌딩을
쌓아 올린 것은 중동 국가 출신의 저임금 노동자들이었습니다.

이러한 판게아의 시기와 맞물린 것이 바로 코로나19라는 전
세계적 감염병 재난입니다. 바이러스에게도 흐려진 국경은 의미가
없었습니다. 급격하게 빨라진 교통수단에 실려 바이러스는 순식간에
전 세계로 뻗어나갔습니다. 그리고 아이러니하게도 이 팬데믹 상황은
이 세상의 균열이 얼마나 강한 힘으로 확장하고 있는지를 적나라하게
드러냅니다.

실세계의 국경이 닫히고 사람들은 집 안에 갇혔습니다. 그리고
사람들은 메타버스의 세계로 가라앉았습니다. 그리고 본격적인
알고리즘의 지배가 시작됩니다. 누구와 소통하며 관계를 만들어
나갈지, 어떤 콘텐츠를 즐기며 무슨 생각을 할지 인스타그램의
알고리즘이 결정했습니다. 무엇이 사실이고 무엇이 정의인지도
트위터와 유튜브의 알고리즘이 결정해 줬죠. 이를 경계하는 움직임이
일어나자 미국의 도널드 트럼프 전 대통령은 '트루스 소셜'이라는
본인만의 플랫폼을 만들기에 이릅니다.

흔히 '확증 편향'이라는 단어를 씁니다. '필터 버블'이라는
용어도 낯설지 않죠. 나와 비슷한 생각을 가진 사람들의 이야기만

©사진: 질병관리본부

소비할 수 있게 된 세상에서 우리는 자기만의 거품 안에 갇히고 만다는 이야깁니다. 그러나 거품 안은 오히려 안전하죠. 어쩌면 우리는 거품 안에 들어앉아 있는 것이 아닐지도 모릅니다. 각자가 서 있는 자리에서, 내가 발 딛고 서 있는 단단한 땅 위에 균열이 생겨나는 것을 알아차리지도 못한 채, 마치 뉴질랜드의 키위 새처럼 위태로운 고립에 직면하고 있을 수도 있다는 얘깁니다.

유럽의 중세를 무너트린 30년 전쟁처럼, 시민 사회의 시작을 알린 프랑스 혁명처럼, 역사는 언제나 다음 페이지를 쓰기 위해 완벽한 전복을 요구합니다. 지금의 이 균열들은 그저 언제나 있어왔던 소소한 지진의 결과일까요, 아니면 곧 모든 것이 뒤집히고 가라앉을 수밖에 없게 될 완벽한 전복의 시그널일까요? 이번 달《스레드》에는 이 균열의 다양한 현상을 담았습니다. 함께 읽어보시고, 결론을 생각해 보시면 어떨까요. ❶

포캐스트에선 현재를 통찰하고 미래를 전망해요.
이달에 알아야 할 비즈니스, 라이프스타일, 글로벌 이슈 일곱 개를 골랐어요.
3분이면 이슈의 맥락을 알 수 있어요.

한국의 데이팅 앱이 가입자들의 '정치 성향'을 묻고있다. 그러나
2022년 현재, 현실 연애의 키워드는 '진보와 보수'가 아니라
'페미'이다. 혐오를 줄이기 위해 합리적인 정책을 요구하는 목소리가
필요하다. __ 신아람 에디터

〈보수예요 진보예요? 2030 데이트 할 때 이 질문 하는 이유〉라는
제목의 기사가 얼마 전 소소한 화제가 되었다. 그러나 데이팅 앱이
진보인지 보수인지 묻는 현상은, 사실 '뉴스'가 아니다. 당연히
있어왔던 일일 뿐이다. 뉴스가 아닌 것이 뉴스가 된 이 현상은,
이른바 'MZ세대'를 관찰하고 이야깃거리를 만들어내고 싶어 하는
'非MZ세대'의, 다분히 관음증적인 시선이라고 할 수 있다. 진짜
뉴스가 될 수 있는 이야기는 데이팅 앱이 반영하고 있는 현실 연애의
지형도다. 2022년 현대, 현실의 연애는 진보인지 보수인지 묻지
않는다. '페미'인지 아닌지 묻는다.

BACKGROUND 혐오에의 공포

'페미'인지 아닌지에 관한 질문은, 실은 상대방이 나와는 도저히
함께할 수 없는, 극단에 위치한 사람은 아닌가 묻는 질문이다. 즉,
이 관계가 혐오로부터 안전할 수 있는지를 확인하는 과정인 것이다.
수많은 커뮤니티와 SNS의 범람으로 21세기의 첫 20년 동안 인류는
타인이 자신과 얼마나 다른지, 그 다름이 어떻게 '혐오'로 정착되는지를
목격했다. 이를 얼마나 직접적으로 경험했느냐에 따라 관계를 시작할
때 혐오로부터 안전하고자 하는 욕구가 증가한다. 그리고 2022년 현재,
그 혐오를 상징하는 단어는 '페미'이다.

CONFLICT 페미니즘 말고 페미

페미니즘이 무엇인가를 논하는 일은 민주주의나 자본주의가

무엇인가를 논하는 일만큼이나 다양한 관점과 지식을 요한다. 모든
자본주의가 옳거나 그를 수 없는 것처럼 페미니즘이라는 가치관
속에도 긍정과 부정, 온건과 과격이 모두 존재할 수 있다. 그러나
'페미'라는 용어는 이제 언급하면 안 되는 '볼드모트'처럼 소비되고
있다. 여러 가지 원인이 있겠지만 각종 커뮤니티에서 혐오의 근거로
간편하게 소비했기 때문이다. 언론은 그에 걸맞은 양극단의 헤프닝을
대대적으로 보도하며 클릭 장사를 했다. 이제 '페미'는 페미니즘을
의미하지 않는다. 어느 쪽이든, 극단주의를 상징할 뿐이다. 데이터는
젊을수록 그러한 경향이 강하다고 말한다. 최근 설문조사에 따르면
20~30대 남성의 경우 페미니즘 지지에 동의한다는 비율이
5.5퍼센트에 불과했지만 같은 연령대 여성의 경우 40.3퍼센트에
달했다.

RECIPE 가치관

물론 사람들의 생김새가 제각각이듯 연애의 모양새도 제각각이다.
'페미'라는 단어를 둘러싼 탐색 또한 다양할 수 있다. 직설적인 검증도
있으며 다양한 이슈에 관한 생각을 묻는 질문을 통해 에둘러
파악하는 경우도 있다. 분명한 것은 상대방이 나와 전혀 다른, 극단에
있는 사람인지의 여부를 '썸' 이전에 확인하는 경향이다. 그럼에도
불구하고 사람은 관계의 동물이다. 따라서 혐오하지 않고, 혐오 당하지
않으면서도 관계를 만들어가기 위해 가치관에 관한 관심이 커졌다.
이를 데이팅 앱은 이미 충실하게 반영하고 있다. '튤립'은 관계, 가족,
커리어, 스타일, 신념 등 5가지 카테고리에 걸쳐 50개 정도의 질문에
답변해야 만남을 시작할 수 있다. 한 기사가 소개한 것처럼 정치
성향만을 납작하게 묻지 않는다. 현재 미국의 2위 데이팅 앱 자리를

꿰차며 무섭게 성장하고 있는 '범블'의 핵심 전략은 정치적으로 올바른 만남이다.

©사진: Good Faces Agency

RISK 확증 편향

현실의 연애 역학을 고스란히 반영할 수밖에 없는 데이팅 앱이 증명하듯, 관계를 시작하는 데에 있어 '가치관'의 중요성이 점점 커지고 있다. 문제는 이러한 경향이 오프라인의 확증 편향 현상을 부추길 수 있다는 점이다. 혐오를 피하려다 나와 다른 생각을 갖고 있는 사람 전부를 피하게 될 수도 있는 것이다. 나와 비슷한 사람과의 관계만을 용인하다 보면 결국 다른 생각을 용인할 수 없게 된다. 생각의 골이 점점 깊어지다 보면 우리 사회가 어떤 문제에 관해 합의를 도출해야 하는 시점마다 주저하고 갈등할 수밖에 없다. 그 사회적 비용을 우리는 이미 치르고 있다.

REFERENCE1 투표의 향방

지난 6월 1일 치러진 지방선거에서 청년층의 투표 성향은 '성별'에서

갈렸다. 지상파 방송 3사의 출구 조사 결과에 따르면 20대 남성의 65퍼센트가 국민의힘 후보를 지지한 반면, 민주당 후보에 대한 지지는 33퍼센트에 그쳤다. 반면 20대 여성의 경우 정반대였다. 67퍼센트가 민주당을, 30퍼센트가 국민의힘 후보를 지지했던 것이다. 성별에 따라 정치 성향이 정반대로 엇갈렸다. 이와 같은 경향은 이미 지난 5월 대선 당시 확연히 드러난 바 있다. 연령과 성별이라는 타고난 특성이 개인의 '입장'을 결정하는 시대가 된 것이다.

KEYPLAYER 우울한 세대

나의 입장이 공고하다 하더라도 다른 의견을 들을 수 있는 여유가 있다면 충분히 들어볼 수 있는 일이다. 그러나 그럴 여유가 없는 시대라는 점이 문제다. 원래 인심은 곳간에서 나온다고 했다. 요즘 세대와 관련해서 가장 많이 등장하는 단어가 바로 'MZ세대'다. 그러나 이 단어는 다분히 마케팅적으로 소비되고 있을 뿐이다. 경제학이나 사회학이 전 세계 청년에게 붙인 이름은 훨씬 우울하다. 우리의 N포 세대를 필두로 사토리 세대, 700유로 세대, 이케아 세대 등이 그것이다. 계층 이동성이 차단되거나 오히려 하향 이동성을 보이는 저성장 시대가 만들어낸 이름들이다. 꿈과 희망을 강요받지만, 필연적으로 어느 정도의 포기를 선택할 수밖에 없는 사람 모두를 부르는 우울한 이름들이다. 기회가 드문 시대, 살아남기 위해 지칠 때까지 노력하다 보면 피아를 구분하게 된다. 나의 고단함이 누군가의 탓이라고 말하고 싶어지는 것이다.

©사진: Good Faces Agency

REFERENCE2 설거지론

결국, 혐오를 피해 '페미'여부를 검열하는 연애를 제자리로 돌릴 방법은 가혹하지 않은 사회를 만드는 것뿐이다. 그 책임은 정치에도, 경제에도, 그리고 우리 자신에게도 지워져 있다. 2021년, 일부 커뮤니티를 뜨겁게 달궜던 '설거지론' 뒤에는 학력이 낮을수록 낮아지는 남성의 결혼 가능성이 있다. 2015년 기준, 30대 남성 중 배우자가 있는 비율을 보면 대학원 졸업자의 경우 71퍼센트에 달하지만, 중졸 이하의 경우 30퍼센트에 그친다. 학력과 계층이, 그리고 계층과 결혼이 연쇄적으로 엮이며 혐오를 낳게 되었다. 혐오의 가장 무서운 점 중 하나는, 아직 만나보지도 못한 사람을 미워하게 만드는 힘이다.

INSIGHT 피아구분

바야흐로 피아 구분의 시대다. 국제 정치판도 세계화의 계절을 끝내고 편을 가르는 신냉전, 다극화 시대로 접어들었다. 우리의 관계 맺기도 마찬가지다. 상대방이 내 편인지, 다른 편인지부터 확인하는 피아 구분이 전제되지 않으면 관계 자체가 시작되지 않는다. 그것은 SNS를 엿보는 행위일 수도 있고, 페미 여부를 묻는 질문일 수도 있다. 원하는 것은 같다. 사랑받기 이전에 미움받고 싶지 않은 것이다. 필요 없는 소모를 할 필요도, 여유도 없는 시대를 거울처럼 비춘다.

FORESIGHT 미움을 넘을 힘

미움을 넘어 서로 사랑할 수 있는 미래는 예정되어 있을까? 불행하게도 아직 그러한 미래는 안갯속이다. 구조를 변화시킬 수 있는 가장 강력한 주체인 정부의 정책부터 미흡하기 때문이다. 노동과 가족 등 우리 사회의 다양한 부분에서 젠더의 역할은 급변했다. 노동 불안정과 가족 구성의 불확실성이라는 현실 위에서 아슬아슬한 줄타기를 하는 동안 젠더 갈등은 심화하고 있다. 그러나 정치는 이를 이용할 뿐, 해결하려 하지 않는다. 사람들의 고유한 '입장'을 이해하지 못한 채, 정부의 성평등 정책은 정치적 유불리에 흔들린다. 합리적인 정책을 요구하는 몫은 고스란히 우리에게 돌아온다. 결국, 우리는 내가 아닌 남과도 함께 살아가야만 하기 때문이다. T

더 많은 이야기는 북저널리즘 라디오에서 만나요!

내용 중 언급된 여론조사 결과는 방송 3사(KBS·MBC·SBS)가
지난 6월 1일 오전 6시부터 오후 6시까지
전국 630개 투표소에서 유권자 11만 명을 대상으로
조사한 결과로 표본오차는 95퍼센트 신뢰수준에서
±1.5~4.3퍼센트포인트에요! 자세한 내용은
중앙선거여론조사심의위원회 홈페이지에서 확인할 수 있어요!!

애플TV+가 내년부터 10년간 MLS의 모든 경기를 독점 중계한다고 발표했다. 아마존과 파라마운트+, 쿠팡플레이와 티빙 등 국내외 OTT들이 스포츠 생중계에 뛰어들고 있다. '누군가와 함께 본다'는 감각을 주는 OTT가 스포츠 콘텐츠 시장을 선점할 것이다.

__ 이다혜 에디터

INCIDENT 애플 x MLS

애플과 미국프로축구리그(MLS·Major League Soccer)가 지난 6월 14일 스트리밍 파트너십 계약 체결을 발표했다. 애플의 스트리밍 플랫폼, 애플TV+가 내년부터 2032년까지 MLS의 모든 경기를 독점 중계하는 것이다. 애플은 방영권을 확보한 대가로 MLS 측에 연간 2억 5000만 달러, 한화 3224억 원 이상을 지불한다.

MONEY 4.99달러

애플TV+의 월 요금제는 4.99달러, 한화 6500원 선이다. 넷플릭스 월 기본 요금제 9500원에 비하면 매우 저렴한 편이다. 애플이 OTT 시장에 진입한 이유가 플랫폼 자체의 수익이 아니기 때문이다. 애플 기기를 사면 애플TV+의 구독료는 일정 기간 할인된다. 즉 콘텐츠 산업을 통해 하드웨어 판매를 촉진하고 구독자를 애플 생태계 내 가두는 것이 애플의 OTT 활용법이다.

©사진: James Yarema

REFERENCE 쿠팡플레이

쿠팡플레이는 5월 8일부터 MLS의 2022~2023 시즌 경기들을 디지털 독점 라이브 중계 중이다. 이외에도 지난해부터 K리그, 미국프로풋볼리그(NFL), 미국프로축구리그(MLS) 등의 경기를 생중계하며 스포츠 콘텐츠를 확대하고 있다. 쿠팡플레이의 월 이용료는 4990원이다. 이마저 로켓와우 서비스를 이용할 경우 무료다. 커머스 시장의 락인(Lock-in) 전략은 애플TV+와 비슷하다. 사용자의 콘텐츠 시청률을 높이는 것이 아닌, 콘텐츠라는 부가 서비스를 어필해 가입 해지율을 낮추는 것이 목적이다.

오늘 저녁은 쿠팡플레이에서 축구 볼까?

CONFLICT 디즈니

그간 MLS를 시청하기 좋은 채널은 단언컨대 ESPN이었다. ESPN은 디즈니 산하의 스포츠 전문 케이블 채널이다. 24시간 내내 스포츠 게임이나 뉴스만 방송한다. ESPN 뿐만 아니라 폭스 스포츠(Fox Sports)나 ABC 등 디즈니 산하의 채널들이 MLS의 중계권을 갖고 있었다. 애플에게 넘어갔다. 콘텐츠 IP에 투자를 많이 하고 싶지 않은 애플의 입장에서, 스포츠 콘텐츠는 매력적인 시장이다. 기존 디즈니 산하 채널들이 움켜쥐고 있던 미식 축구(NFL), 프로 야구(MLB), 프로 농구(NBA) 등 다른 스포츠 중계권도 넘볼 수 있다.

RECIPE 스포츠

• OTT들이 스포츠 시장으로 진출하고 있다. 애플TV+는 올해 4월 MLB의 주간 더블 헤더 경기 프로그램 'Friday Night Baseball' 독점

방영권을 확보했다. 아마존 프라임은 지난해 9월 NFL과 2023~2024년 시즌당 15경기를 방영하는 계약을 체결했다. 파라마운트+는 스페인 프로 축구 리그를, NBC의 스트리밍 플랫폼 피콕(Peacock)은 영국 프로 축구 리그를 각각 방영 중이다.

• 국내도 마찬가지다. 2020 유럽축구선수권대회, 2020 도쿄 올림픽은 각각 티빙과 웨이브에서 생중계됐다. 2022 카타르 월드컵 아시아 최종 예선 또한 쿠팡플레이에서 시청 가능하다. 독보적인 콘텐츠 IP를 발굴하기도 사들이기도 어려운 시대, 스포츠 생중계는 OTT가 선점하고 싶은 시장이다.

• 역으로 스포츠 단체가 자체 스트리밍 플랫폼을 론칭하기도 한다. 지난 4월 13일 국제축구연맹(FIFA)은 자체 온라인동영상서비스 플랫폼 FIFA+를 출시했다. 연간 4만여 건의 축구 경기를 실시간 중계하고 스포츠 뉴스 및 게임, 다큐멘터리 등 각종 2차 콘텐츠를 제공하겠다고 밝혔다.

©사진: JESHOOTS.COM

RISK 지상파

• 광고 수익 ; 스포츠 중계는 지상파 광고 수익의 큰 원천이었다. NBC유니버설은 88서울올림픽 때부터 미국 내 하계 올림픽 중계권을 보유하고 있는 미국 지상파 방송사다. 지난해 NBC의 도쿄 올림픽 중계에선 2주 간 120개가 넘는 브랜드가 광고주로 참여했고 1만 5000여 건의 광고를 집행했다. 매출액은 17억 6000만 달러, 한화 약 2조 2721억 원을 기록했다. 엄청난 광고 수익을 안겨 주던 스포츠 경기가 OTT 플랫폼으로 편입되면 상황은 달라진다.

• 중계권료 ; 고공하는 중계권료도 방송사에게 부담이다. 스포츠 프로그램 중에서도 상품성이 높은 영국 프리미어 리그(EPL)의 한국 중계권은 2013년 기준 연간 1330만 달러였다. 당시 중계권은 SBS EPSN의 소유였다. 유료 스트리밍 플랫폼 스포티비에게 중계권이 넘어온 현재, 한 해 중계권 가격은 3000만 달러에 이른다. 10년 전과 비교해 두 배 이상 올랐다. CJ E&M과 같은 대형 기획사가 사들일 경우 상승세는 가팔라질 수 있다.

시청자가 OTT로 이동하며 지상파 시청률이 낮아지고, 시청률이 낮아지며 광고 수익이 줄고, 광고 수익이 감소하는 만큼 스포츠 업계의 중계권을 사오기 어려워진다. 스트리밍 시대에 분투하는 지상파 방송에게, OTT의 스포츠 시장 진입은 골칫거리다.

STRATEGY J 리그

• 일본의 J 리그는 전통적으로 지상파에서 운용했던

스카이퍼펙트TV에서 중계됐다. 그러다 2015년 인터넷 스트리밍 업체 DAZN과의 계약을 체결했다. 연간 중계권료 2222억 원, 10년이면 2조 원이 넘는 초대형 계약이었다.

• 자연스레 각 구단에 주는 배분금은 기존 17억 5000만 원에서 33억 원으로 두 배 가량 증가했다. OTT와의 계약금으로 J 리그 팀은 스타 플레이어들을 영입할 수 있었고, DAZN는 구독자 수를 확보했다. OTT와 스포츠 팀의 윈윈이다.

• K 리그의 경우 연간 중계권 가격은 2015년 기준 60억 원선이었다. 최근 쿠팡플레이와의 독점 계약으로 2배가량 상승했다고 추정된다. 중계 플랫폼 전환은 스포츠 업계가 성장할 수 있는 새로운 길을 열어 준다.

EFFECT 편성

• 편성 ; 편성의 개념이 깨지고 있다. 과거엔 어느 시간대에 어떤 프로그램을 편성할지가 지상파의 고민이었다. 높은 시청률을 보장하는 스포츠 프로그램의 경우 특히 심했다. 이젠 인기 있는 예능도, 드라마도, 축구 경기도 여러 채널에서 동시다발적으로 시청 가능하다. 편성을 하는 주체가 MBS, KBS, SBS가 아닌 시청자 자신으로 바뀌고 있다.

• 대중화 ; OTT는 대중에게 다양한 스포츠를 소개하는 창구가 된다. 이전엔 특정 스포츠 팬층이 원하는 경기의 시간표와 채널을 찾아 시청했다. 반면 OTT는 콘텐츠를 일목요연하게 전달한다. 보기 쉽게

장르를 분류해 놓고, 그날의 콘텐츠도 추천해 준다. 스포츠 중계가 OTT에서 제공된다면 내가 관심 없던 슈퍼볼, 어떤 채널에서 하는지도 몰랐던 씨름 경기에 노출된다. 스포츠 업계 입장에선 더 많은 팬층을 유입할 수 있다.

• 사유재 ; 스포츠는 공공재라는 인식이 있었다. 올림픽, 월드컵과 같은 세계적인 경기는 물론 국내 축구, 야구 경기는 누구나 TV를 켜면 무료로 볼 수 있었다. OTT가 스포츠 중계권을 독점 계약하는 시대에선 구독료를 지불한 사람만 경기를 볼 수 있다. 스포츠가 국민이 아닌 구독자를 위한 장르가 되며, 스포츠가 선사하던 특유의 국민적 공감대도 헐거워질 것이다.

> 이제는 '국민 스포츠'란 말도 사라지겠군!

INSIGHT 배경

사람들은 집중해서 TV 보는 것을 좋아했다. 콘텐츠 자체의 가치가 중요했다. 이젠 다르다. 양질의 콘텐츠가 쏟아지고 어떤 콘텐츠에 집중할지 갈팡질팡한다. 에피소드 1을 틀었다가 금세 질려 다른 영화를 틀거나, 영상을 틀어둔 채로 멀티 태스킹을 하기도 한다. 말 그대로 '스트리밍'이다. 즉 영상 콘텐츠만이 주던 몰입감은 사그라들며, 콘텐츠를 배경으로 소비하는 시대가 오고 있다. 스트리밍 세대에겐 스트리밍보다 더 큰 자극이 필요하다. 현장감이다.

FORESIGHT 연대감

• 기존 지상파 TV는 라이브 중심이었다. 녹방이든 생방이든, 본방을 놓치면 다시 보기까지 번거로웠다. 그러다 OTT의 등장으로 아카이빙과

스트리밍의 시대가 열렸다. 책장 속 책처럼 언제든 콘텐츠를 꺼내어 볼 수 있는 게 당연시됐다. 이제는 라이브와 아카이빙, 두 마리 토끼를 모두 잡는 것이 OTT 경쟁력의 필요 조건이 되고 있다.

• 대표적인 라이브성 콘텐츠는 두 가지다. 뉴스와 스포츠다. 전자는 OTT 시장에서 크게 매력적이지 못했다. '돈을 주고 뉴스를 시청한다'는 개념이 시대를 너무 앞서간 걸까. 뉴스 스트리밍 플랫폼 CNN+는 출시 한 달 만에 문을 닫았다.

• 스포츠는 다르다. 재미도 있고 팬층도 확고하지만 무엇보다 연대감을 선물해 준다. 스포츠 경기만의 현장감에서 우리는 누군가와 지금, 함께 있다는 느낌을 받는다. '왓챠파티' 등 함께 콘텐츠를 시청하는 랜선 커뮤니티도, 수천 명이 한정된 동시간대에 즐기는 진짜 라이브 콘텐츠는 따라올 수 없다. OTT 시장의 스포츠 콘텐츠마저 포화한다면, 직관 현장의 결속력을 구현하는 플랫폼이 해당 시장을 선점할 것이다. ⊤

   더 많은 이야기는 북저널리즘 라디오에서 만나요!

임신 24주 이전까지 임신 중단을 인정한 1973년의 '로 대 웨이드(Roe
v. Wade)' 판결이 현지시간 6월 24일에 뒤집혔다. 낙태가 당장
금지되거나 곧 제한되는 주는 14곳이며 장기적으로 26곳의 주에서
낙태권 폐지 가능성이 점쳐진다. 사법부에서 촉발된 사회 분열의
공식화는 또 다른 의제를 겨냥하고 있다. __ 이현구 에디터

연방대법원의 판결을 두고 미국이 깨졌다. 한쪽만의 시위가 아니다. 각지에서 낙태 찬성과 반대파가 격돌했고 각 주의 의회 의사당 앞은 시위대로 가득 찼다. 미국의 여론 조사 기관 퓨리서치센터가 2022년 3월 미국의 성인을 대상으로 한 설문 조사에 따르면 61퍼센트가 낙태 합법화에 찬성한다. 반대는 37퍼센트다. 예외를 두느냐의 세부적 차이는 있지만 보통 합법을 지지하는 여론이 우세하다. 보통 낙태, 임신 중단의 권리는 여성 인권에 있어 상징적 의제다. 자유의 수호자 미국에선 그렇지 않다. 정치 문법이자 문화 전쟁의 격전지다.

• 문화 전쟁은 전통주의와 진보주의의 충돌을 말한다.

• 낙태뿐 아니라 동성애 지지와 교육(플로리다의 Don't say gay bill), 비판적 인종 이론(CRT·Critical Race Theory), 총기법, 기후 위기에 대한 대처, 이민자 정책 등 다양한 쟁점이 충돌한다.

ⓒ사진: Getty Image

KEYPLAYER 3인방

트럼프의 그림자는 유효했다. 바이든은 지난 버지니아 주지사 선거에
이어 트럼프의 유령과 싸우는 중이다. 이번 전장은 연방대법원이었다.
미 연방대법원은 9인으로 이뤄져 있고 사임이나 은퇴, 범죄 행위가
없을 경우 종신까지 임기가 보장된다. 정치적 양극화로 인해 은퇴
시기가 점점 늦어지는 가운데 트럼프 정부에서는 세 번의 대법관 임명
기회가 있었다. 2017년에 닐 골서치, 2018년에 브렛 캐버노, 2020년
에이미 코니 배럿을 연이어 임명했다. 이들은 모두 낙태죄 규정에 합헌
판결을 내렸다. 트럼프 정부가 들어서던 때 보수 성향 넷, 진보 성향
넷으로 유지되던 균형은 트럼프 이후 보수 여섯, 진보 셋의 구조가
됐다.

트럼프의 그림자는 어디까지 바이든을 괴롭힐까?

NUMBER 13

낙태 문제는 곧바로 각 주의 손바닥 위에 놓였다. 낙태를 지지하는
비영리 기관인 구트마허연구소(Guttmacher Institute)는 미국의 50개
주 가운데 26개 주가 낙태를 금지하거나 그럴 가능성이 있다고 말해
왔다. 판결 이후 13개 주가 즉각 도마 위에 올랐다. '트리거 조항'
때문이다. 연방에서 방아쇠를 당김으로 인해 자동 적용되는 특정
주법(州法)을 말한다. 즉시 낙태가 금지되는 곳도 있고 유예 기간이나
정책 결정자의 승인을 필요로 하는 곳도 있다. 문제는 아칸소와 같은
경우다. 임산부의 생명이 위태로운 경우만 낙태를 허용하는데, 이는
성폭행이나 근친상간 등에 의한 임신에는 적용할 수 없다. 주별 낙태
정책 현황은 오른쪽 QR로 확인할 수 있다.

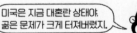
미국은 지금 대혼란 상태야.
곪은 문제가 크게 터져버렸다.

• 즉시 시행 ; 켄터키, 루이지애나, 사우스다코타

• 30일 후 시행 ; 아이다호, 테네시, 텍사스

• 승인 필요 ; 아칸소, 미시시피, 미주리, 노스다코타, 오클라호마, 유타,
와이오밍

DEFINITION 헌법상 권리

발단은 미시시피주에 단 하나밖에 없는 낙태 전문 병원이 임신 15주가
지난 태아의 낙태를 금지하는 주법에 제기한 위헌법률심판이다. 이번
연방대법원의 결정은 바로 이 사건에 대한 판결이다. 미국 연방법은
주법에 우선한다. 미시시피의 낙태법은 6대 3으로 합헌 판결을 받았다.
그렇다면 미국 헌법은 낙태를 규정하고 있을까? 미국 헌법이 1788년에
비준된 이래 낙태권 문제는 주별 해석의 영역이었다. 주마다 낙태법이
제각각인 이유다. 다만 낙태를 헌법적 권리로 인정한 사례가 있었다. 그
유명한 로 대 웨이드 사건이다.

BACKGROUND 로 대 웨이드

1973년, 21살에 임신하게 된 노마 맥코비는 경제적 어려움으로
낙태를 원했다. 성폭행을 당했다는 거짓 신고에도 불구, 산모의 건강이
위협받지 않으면 낙태가 불가했던 텍사스에서는 그의 수술을 거부했다.
제인 로(Jane Roe)라는 가명으로 제기한 텍사스 낙태법에 대한 소송은

로의 승리로 끝났다. 당시 로와 맞선 검사는 댈러스의 검사 헨리
웨이드(Henly Wade)였다.

• 당시 연방대법원은 낙태를 수정헌법 14조의 '사생활 보호 권리'에 해당한다고 판단했다.

• 중절이 허용된 임신 기간은 최대 24주(6개월)다. 이후엔 태아가 모체 밖에서 독립적인 생존 능력(fetal viability)이 있다고 판단해 임신 중절을 금지했다.

로 대 웨이드 판결은 낙태를 금지하려는 다양한 주법의 도전을 받아왔다. 임신 6주 후 낙태를 금지하는 텍사스의 '심장박동법'이 대표적이다. 각 주의 보수적 낙태법에 제기된 위헌법률심판에서 최근 연방대법원은 결정을 미뤄왔다. 49년 만에 첫 번복 사례가 나왔고 미국은 분열했다.

ⓒ사진: Getty Image

RECIPE 여성과 과학, 종교

낙태는 오래된 논쟁이다. 학교 수업, 대학 강의의 단골 토론 주제였다. 모두가 낙태에 관해 나름의 의견이 있다. 과거 낙태 문제는 윤리 혹은

종교적 신념의 문제였다. 종교의 쇠락과 의학 발전, 사회 인식의 변화와
페미니스트 과학은 논의의 지평을 넓혔다.

• 반종교 ; 종교의 입지가 현대에 와서 가장 크게 흔들린 것은
2000년대다. 2001년에는 9·11 테러가 있었다. 대표적인 무신론자인
영국의 생물학자 리처드 도킨스는 2006년에 저서 《만들어진 신(The
Great Delusion)》에서 종교의 유해성을 주장하며 큰 반향을 얻었다.
많은 전통 종교가 급변하는 사회 구조와 마찰을 일으킨다. 미국의
개신교 역시 그 입지와 당위가 줄어들고 있다.

• 의학의 디테일 ; 의학 기술이 발전하며 생명 존중(pro-life), 선택권
존중(pro-choice)의 논의보다 임신 3분기의 논의가 새로운 쟁점으로
떠올랐다. 자궁을 떠난 태아의 독자적 생존 능력이나 사고 능력, 자아
인식 등을 고려하게 된 것이다. 이는 로 대 웨이드 판결에 중요한
단서를 제공했다.

• 재생산권 ; 사회 인식은 언어를 따르고 언어는 다시 인식을
변화시킨다. 형법은 아직 낙태라는 단어를 쓰지만 태아를 떨어뜨린다는
뜻의 부정적 의미 때문에 모자보건법은 임신 중절·중단으로 표기한다.
이제는 임신과 출산, 낙태를 모두 아우르는 용어인 재생산권 용어의
상용화가 논의되고 있다.

• 페미니스트 과학 ; 페미니즘은 과학이 남성 중심적으로
발전해왔음을 지적한다. 과학기술학자 임소연은 저서 《신비롭지 않은
여자들》에서 과학계의 성차별적 태도와 성비 불균형을 비판한다.
과학이 여성의 신체를 왜곡하고 신비주의 서사로 그려내 왔다면

여성주의가 균형 있게 뿌리내릴 미래에는 낙태에 대한 또 다른 과학적 진실을 마주하게 될 수 있다.

세계는 점점 변하고 있다구.
미국의 시계는 거꾸로 갔지만.

REFERENCE 총기 규제

문제는 낙태 문제가 미국에서 오랫동안 정치적 수사로 소모됐다는 점이다. 한국으로 치환하면 대북 정책과도 닮은 구석이 있다. 정치권의 낙태 논쟁은 여성과 태아를 인용하지만 정작 중심엔 그들을 향한 고민이 부재하다. 총기 문제도 유사하다. 보수와 진보를 가르는 전통적 레토릭이다. 지난 5월 텍사스 유밸디의 총기 난사에 이어 6월엔 필라델피아 거리에서, 오클라호마의 병원에서 무분별한 총격 사건이 일어났다. 미 의회는 지난 6월 23일 이례적으로 초당적 합의를 이뤘다. 21세 미만 총기 구매자들에 대한 신원 조회 강화, 구매자의 정신 건강 상태를 당국이 최소한 열흘간 검토하는 내용이 담겼다. 미미한 규제다. 수정헌법 2조와 전미총기협회(NRA)의 영향력 아래 '자유'라는 표현으로 규제를 늦춰 온 사법부가 낙태 문제에선 '생명'을 존중한다는 모순을 보인다. 총기 규제로 구할 수 있는 생명의 무게처럼 낙태권 폐지의 후폭풍은 가볍지 않다.

RISK 3600만 명

미국의 시민단체 '플랜드페어런트후드'와 '인아워보이스'는 대법원의 이번 결정으로 3600만 명의 가임기 여성이 낙태 접근을 박탈당할 것으로 추정했다. 원격 진료 상담으로 낙태약 처방을 알선해주는 비영리 단체 '저스트더필'에는 평소 일일 문의량의 네 배에 달하는 100건의 예약 문의가 접수됐다. 낙태가 즉각 금지된 주에서는 병원에서 임신 중절 수술이 모두 중단되며 문을 닫는 곳도 속출했다. 낙태 금지는 저소득층에 치명적이다. 보호받지 못한 사람들이 불법 시술에 의존하게 될 가능성이 크다.

 임신 중단을 시술하는 병원이 눈물 바다가 됐다.

INSIGHT 분열의 공식화

 미국 사회는 갈라진 지 오래다. 그러나 최근 분열의 속도가 빨라졌다. 에이미 추아가 2020년 《정치적 부족주의》에서 경고한 정체성 정치는 불과 2년 만에 수면 위로 오르며 공공연해졌다. 도널드 트럼프 전 대통령은 자신의 소셜 미디어인 '트루스 소셜'을 만들고, '샌더스 키즈'로 불리는 알렉산드리아 오카시오 코르테스(AOC)는 도합 2000만 명이 넘는 소셜 미디어 팔로워를 거느린다. 품위 있어야 할 정치권의 문법은 직접적이고 자극적인 선동이 됐다. 미국이 내세우는 가치도 흔들리고 있다. 2021년 1·6 의회 폭동에서는 소수의 극단주의 내러티브가 읽혔다. 낙태법 판결로 드러난 미국 사회의 분열은 양극단의 정서가 사회 일반에 내재했음을 보여준다. 이번 연방대법원 판결은 미국의 분열을 공식화했다. 레드, 블루, 스윙 스테이트의 역동성이 상실된 채 내륙과 남부, 도시와 북부의 뿌리 깊은 지역주의의 탄생이 예고된다. 상식과 비상식의 이분법을 대입하면 대립은 심화한다. 볼모로 잡힌 것은 언제나처럼 사회적 약자다.

FORESIGHT 깨진 유리창

미국의 범죄학자 제임스 윌슨(James Q. Wilson)과 조지 켈링(George

©사진: Clay Banks

L. Kelling)이 1982년 3월에 《디아틀랜틱》에 기고한 〈깨진 유리창〉에서
유래한 깨진 유리창 이론은 방치의 사회심리학을 대표하는 표현이다.
첫 돌이 날아들면 어김없이 더 큰 돌이 날아든다. 낙태죄 규정을
합헌 결정한 법관 중 아버지 부시 정부에서 임명된 토머스 클래런스
대법관은 "향후 우리는 그리스월드, 로런스, 오버게펠을 포함해 앞선
판례 모두를 재검토해야 한다"고 밝혔다. 이번 판결의 판결문 작성을
주도한 새뮤얼 얼리토 주심 대법관은 진보 진영의 확대 해석에 선을
그었지만 이미 유리창은 깨졌다. 동성혼이나 피임, 임신 중절 알약
등으로 논의가 확산할 가능성이 크다. 앞으로 예상되는 일은 험난하다.

• 민주당은 본 사건을 계기로 다가올 11월 8일 중간 선거에서의
결집을 유도하고 있다. 반향은 있을지 모르지만 사실상 바이든 정부의
지지율은 인플레이션과 소비자 물가 상승, 진척 없는 우크라이나 전쟁
등으로 30~50퍼센트 사이를 오르내리고 있다.

• 반면 공화당의 득세는 무섭다. 스윙 스테이트에서 계속 득점 중이다.
특히 플로리다 주지사인 론 드산티스는 범보수 진영에서 트럼프를
제외하면 가장 높은 지지율을 보이며 돌풍을 일으키고 있다. 그는

'트럼프 2.0'으로 불린다. 다양성 교육과 집회 금지법, 비판적 인종 이론 등 미국 문화 전쟁의 이슈에서 극도로 보수적 입장을 가졌다. 낙태 접근성의 원복은 요원할 수 있다.

• 이는 전 세계를 비롯해 한국의 낙태 논의에도 영향을 미친다. 2019년 한국 헌법재판소는 낙태죄에 대해 '헌법 불합치' 의견을 냈다. '단순 위헌'은 즉각 폐지를 의미하는데 이보다 중립적인 결괏값이다. 아직 대체 입법은 무소식이다. 양극화되는 한국 사회가 미국의 정치 지형을 답습할 경우 낙태는 한국에서도 정치 문법으로 소비되며 정작 당사자들을 논의에서 지우는 결과를 가져올 수 있다. ▼

  더 많은 이야기는 북저널리즘 라디오에서 만나요!

2022년 7월 21일부터 처방 없이 불법 스테로이드·에페드린 등을 사면 처벌받는다. 아나볼릭 스테로이드는 근육을 증가시킬 때, 에페드린은 극단적 다이어트에 사용된다. 이 불법 약물들은 보디빌딩계의 악·폐습, 바디프로필 열풍 등과 깊이 연관돼있다. __ 이현구 에디터

식품의약품안전처는 스테로이드류, 이뇨제 등 전문 의약품을
온라인상에서 검증되지 않은 효능·효과가 있다고 판매·광고한 누리집
94건을 약사법 위반 혐의로 적발해 접속 차단을 요청하고, 판매자에
대해서는 수사 의뢰 조치했다고 6월 13일에 밝혔다.

• 주요 적발 사례는 '스테로이드류 등'을 근육 강화, 근육량 증가의
효능·효과가 있다고 판매·광고한 누리집 73건, '이뇨제'를 체중 조절,
단기간 부기 제거 등의 효능·효과가 있다고 판매·광고한 누리집
21건이다.

• 올해 7월 21일부터는 의약품을 판매할 수 없는 자로부터
스테로이드·에페드린 성분 주사 등 전문 의약품을 구매한 소비자에게도
100만 원의 과태료를 부과한다. 거기에 신고·포상제도 생긴다.

DEFINITION 내추럴과 로이더

스테로이드, 에페드린 등은 보디빌딩류 운동에서 가장 활발하게 쓰인다.
'내추럴'과 '로이더'를 가르는 기준 중 하나이기도 하다. 내추럴은
보통 살면서 단 한 번도 도핑으로 분류되는 약물을 사용하지 않은
자를 뜻한다. 로이더는 '스테로이드를 사용한 자'라는 비하적 의미로
유행하게 된 단어다. '징맨'으로 유명한 황철순 선수는 자신의 약물 사용
이력이 논란이 되자 자신을 '비내추럴'이라고 명명하여 지탄받았다.
보디빌딩에서의 약물 사용은 규정상 문제가 없는 것일까?

로이더! 로이더!

보디빌딩은 우락부락한 몸을 자랑하는 종목뿐 아니라 다양한
심미적 목적에 따라 종목이 구분돼있다. 대회도 다양하다.
대한보디빌딩협회(대보협)는 아마추어 단체로 약물 사용이 금지된다.
IFBB PRO와 같은 프로쇼는 내추럴 대회를 따로 두고 있을 만큼
암묵적으로 약물 사용을 인정하고 있다. 일견 스포츠로 보이는 이
운동에 어떻게 약물이 용인될 수 있을까? 보디빌딩은 스포츠와 쇼의
경계에 있기 때문이다.

쇼라면 미인 대회를 말하는 건가?

• 강등의 역사 ; 보디빌딩은 아마추어 대회인 아시안게임과
전국체전의 정식 종목이었다. 2002 부산 아시안게임부터 채택돼
한국에 많은 메달을 안겨줬던 보디빌딩은 2006 도하 아시안게임을
끝으로 퇴출된다. 여성부 경기가 없던 점, 많은 선수가 도핑 논란에
시달린 점, 비인기 종목인 점 등이 작용했다. 2019년 한국에서는
전국체전 시범 종목으로 강등됐다. 이전 해 전국체육대회 도핑 적발
때문이다. 한국은 매년 도핑 적발에서 세계 순위를 다투며 그중
보디빌딩 종목의 비율이 압도적이다. 사실상 대회 기간에만 약물
사용을 멈춰 도핑을 피할 수 있어 과거 전국체전의 유명 선수들도
논란의 도마 위에 빈번히 오른다.

• 쇼의 영역으로 ; 프로 영역에서의 보디빌딩은 엄연한 '쇼'다. 즉,
미인 대회와 같이 심미성을 다투는 영역에 있다. 세계적 권위의 IFBB
단체의 프로쇼를 비롯해 그 정점에 서 있는 '올림피아' 대회까지
사실상 약물을 사용해 몸을 어디까지 끌어올리느냐의 싸움이다. 따라서
'선수'라는 표현은 어색하다. 하지만 약물 사용 대회에 출전하는 많은

보디빌더는 엄연히 '선수' 소리를 듣는다. 대보협의 최신 도핑방지규정 전문은 스포츠의 기본 정신을 다양하게 열거하며 "도핑은 근본적으로 스포츠 정신에 반하는 행위이다"라고 규정한다.

©사진: Norbert Buduczki

RISK1 부작용

보디빌딩과 약물은 쉬이 '그들만의 문제'로 치부된다. 그러나 문제는 복잡다단하다. 약물의 부작용, 유통 단계에서의 악·폐습, 바디프로필 열풍까지 문제가 확장된다. 아래 부작용은 대표적인 약물 두 개만 다뤘지만 보디빌더들은 성장 호르몬인 'SARMs'를 비롯해 다양한 약물을 사용한다. 이를 소위 '스택'이라 부르고, 그 조합법과 복용 방법을 '프로그램'이라 부른다.

인터넷에 떠도는 '스택법' 함부로 따라하면 안 돼!

• 아나볼릭 스테로이드(Anabolic Androgenic Steroids) ; 스테로이드는 염증 반응을 억제하고 스트레스를 풀어주는 이로운 호르몬이지만 보디빌더들이 맞는 '아나볼릭-안드로게닉 스테로이드'는 단백질

합성을 촉진하고 근력을 강화하는 효과가 있는 약물이다. 아나볼릭은
단백동화, 안드로젠은 남성 호르몬을 의미한다. 종류도 다양하다. 미국
국립보건원(NIH)의 'Drugfacts'에 따르면 부작용은 상상을 초월한다.
남성에게는 탈모, 우울증, 면역 기능 이상, 성 기능 장애, 여유증, 정자
생성 감소, 심장병을 유발한다. 여성에게는 월경 주기 불규칙, 불임,
정서 불안, 조증, 망상 등을 유발하고 심한 경우 남성 목소리로의 변성,
과도한 발모 등의 남성화 증상을 유발한다. 많은 프로 스포츠에서 이를
금지하는 이유는 경기력 강화(PED·Performance Enhancing Drugs)로
인한 공정성 문제뿐 아니라 선수 생명의 보호를 위한 목적도 있다.

• 에페드린(Ephedrine) ; 에페드린은 각성제다. 마취 중 저혈압을
예방하거나 다양한 질병에서 혈압 강화의 용도로 사용된다. 한편
체지방률을 최대한 낮춰야 하는 보디빌딩에서는 운동 기능 향상
보조제나 다이어트용으로 사용된다. 부작용은 현기증, 가슴 통증,
불규칙한 심장 박동, 식욕 부진, 구토 등 다양하다. 문제는 부정맥과
심근경색의 가능성이다. 카페인과 비슷하게 생각하고 주사하거나
복용하는 사례가 많지만, 처방받지 않고 복용하는 경우 사실상 마약과
다를 바 없다.

©사진: Wind Ira

이 약물은 어떻게 유통되고 있을까? 2021년 9월 의사 처방이 필요한 스테로이드 등의 전문 의약품을 무허가로 유통·판매하다 검거된 일당의 사례를 보자. 이들은 18억 4000만 원 상당의 약품을 텔레그램이나 SNS 등을 이용해 시중에 팔았다. 구매자 1만 2000여 명 중에는 운동선수와 헬스 트레이너뿐만 아니라 일반인도 있다. 하루 이틀 일이 아니다. 문제는 지도자를 통한 선수에의 유통이다. 선수들이 지도자를 통해 약물에 손을 대는 순간 악의 고리에 갇힌다.

• 프로의 그림자 ; 프로 보디빌딩 시합에 나가기 위해 지망생들은 대부분 유명 보디빌더에게 '선수 PT'를 받는다. 보디빌딩 대회는 전술했듯 사실상 약물이 필수인데 직접 구매하는 것은 어려움과 위험이 크니 지도자를 통해 구매하거나 알선을 받는 경우가 많다. 그 과정에서 전술한 스택과 프로그램을 배운다. 심한 경우 지도자가 선수 몰래 약을 타는 경우도 종종 증언된다. 이들은 좁은 보디빌딩계에서 퇴출될까 두려워 지도자에게 종속된다. 문제는 여성 선수다. 대회 준비 과정에서 각종 성범죄와 추행의 대상이 될 수 있다. 유통 단계의 폐쇄성은 선수들의 간절함과 맞물려 일부 지도자에서 비롯된 악·폐습을 공고히 한다.

 평경장이 그랬지. "이 세상에 안전한 도박판은 없어."

 • 이여상 사건 ; 보디빌딩이 아닌 스포츠에선 어떨까? 스포츠와 법에 대해 탐구하는 북저널리즘 저널 작가 'zephyrus2001'는 전 롯데자이언츠 이여상 선수 사건이 매우 상징적이었다고 말한다.

이여상 선수가 운영하는 야구 교실 소속 유소년 선수들이 금지 약물 투약 혐의로 유죄 판결을 받은 일이 있는데, 이 학생들은 2018년에 해당 야구 교실에 등록한 후 한 달간 약 12차례에 걸쳐 금지 약물을 투약받았다고 한다. 학생 측은 약물 투여 사실을 몰랐다고 주장하지만 한국 도핑방지위원회(KADA)는 고의성이 있다고 보고 4년의 자격 정지 처분을 내렸다. 게다가 위 보디빌딩계의 사례처럼 약물임을 알았어도 선배가 제시하는 약물을 거절하는 것이 사실상 어려울 수 있다.

RISK3 인스타그래머블

한국은 몇 년 전부터 피트니스와 더불어 '바디 프로필' 열풍이다. 자기애와 과시 욕구, 건강과 웰빙에 대한 높은 관심이 이를 부채질하며 트렌드로 자리 잡았다. 바디 프로필은 젊은 세대에게 가장 '인스타그래머블'한 사진이다. 무언가 해냈다는 자신감, 늘어난 운동량은 긍정적 영향을 주지만 대부분의 바디 프로필은 무리한 체지방 감량을 전제한다. 건강과는 거리가 멀다. 불법 약물은 인스타그래머블하고 싶은 젊은이들을 파고든다. 에페드린 같은 약물 말고도 최근엔 일명 '나비약'으로 불리는 '펜터민'이 10대 사이에서 기승이다. 해당 나비약 투약 및 소지로 검거된 피의자 대다수는 10대였다.

CONFLICT 약투

보디빌딩계에서 공공연한 비밀이었던 약물 문제가 수면 위로 오른 사건이 있다. 이른바 '약투 운동'이다. 2019년, 박승현이라는 한 보디빌더가 자신을 "약쟁이"라며 자신이 겪는 약물 부작용을 고백했다.

MBC 〈실화탐사대〉는 2019년 1월 30일 보디빌더 박승현과 김동현의
증언을 토대로 약물 사용 실태를 고발했다. 전술한 보디빌딩계의
문제와 약물 부작용 문제 등이 고스란히 드러났다. 이를 기점으로
보디빌딩계는 이른바 내추럴과 로이더의 전쟁이 시작됐다. 수많은 운동
유튜버들의 내부 고발 및 인신 공격이 잇따랐다. 그와 동시에 식약처와
KADA의 단속 수위 역시 올라갔다.

ⓒ실화 On 유튜브

KEYPLAYER 김종국

과열된 '로이더 잡기' 양상은 이른바 '로무새'라는 부작용을 낳기도
했다. 걸핏하면 스테로이드 사용을 의심하는 앵무새라는 의미로 붙여진
별명이다. 약물 사용 기준은 일반인 수준에서 정확한 구분이 어렵다.
연예계 대표 '몸짱'으로 불리는 김종국도 논란을 피해가지 못했다.
해외 유명 보디빌더 출신 트레이너 '그렉 듀셋'이 김종국을 로이더라며
저격한 것이다. 결국 사과와 함께 그저 좋은 유전자를 타고났음을
인정했지만 김종국은 도핑 검사를 통해 결백을 증명해야 했고
그럼에도 믿지 않는 여론과 싸워야 했다. 약물에 대한 대중들의 관심이
폭발적으로 높아진 결정적 사건이었다. 동시에 피트니스 산업 전체에는

불신이 만연해졌다.

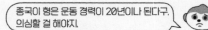

종국이 형은 운동 경력이 20년이나 된다구.
의심할 걸 해야지.

RECIPE 불신과 공조

약투 운동 이후 더불어민주당 이상헌 의원은 불법 약물 유통의 잠재적
위협을 인식하고 약사법 개정안을 발의했다. 이는 최초 구매자에 대한
처벌 조항 정도였지만 실효성을 보완한 보건복지위의 최종 법안으로
2021년 6월 최종 가결됐다. 이것이 올 7월 21일부터 시행되는 구매자
처벌 및 신고자 포상제다. 프로 대회를 위해 약물 사용을 필요로 하고
그 과정에서 유통 사슬에 종속되는 것을 감안하면 실효에 의문이
생기지만 대회는 경쟁이다. 신고제가 효과적일 수 있다. 이미 업계에
만연한 불신을 부채질하는 방법이다. 또 하나는 식약처, 문체부,
KADA의 공조 강화다. 문체부는 2020년 6월 식약처와 스포츠 도핑
방지 활동과 불법 의약품 유통-판매 근절을 위한 업무 협약(MOU)을
체결했다. 같은 해 2월에 KADA와 식약처 역시 불법 금지 약물 구매
선수 명단을 공유하는 등 공조를 강화했다. 불법 약물은 근절될 수
있을까?

OPINION 도핑의 미래

다음은 저널 작가 zephyrus2001과의 대담이다. 도핑의 실태와 미래에
대해 물었다.

알려지지 않았지만 우리 삶과 밀접한 불법 약물 사례를 소개해달
라.

체육 특기생이 금지 약물 투여 적발에도 불구, 고려대에 합격했던
일이 있었다. 아마추어 선수를 뽑는 경우라면 도핑 검사가 분명
이뤄졌겠지만 고려대 체육특기자 전형에는 도핑 검사 여부 제출
규정이 없었다. 현재 미성년자 관련 규정이 매우 미흡하다. KADA에서
적발 실태를 볼 수는 있지만 학생들은 통계에 잡히지 않고 프로 선수일
경우에나 집계된다. 관련해서 쓴 글의 서두는 온라인에서 도핑
브로커가 댓글로 고등학교 체육 특기생에게 추천한 약물 프로그램으로
열었다. 고등학생에게 추천된 프로그램이라곤 믿기지 않을 정도로
충격이다.

보디빌딩과 마찬가지로 약물이 만연하게 쓰이는 스포츠 종목이 있나?

보디빌딩은 아예 대놓고 약물을 쓰니 논외로 두고, 도핑이
문제시되지만 만연한 종목은 있다. 야구, NBA, UFC 등이다. 앞서
설명한 이여상 선수 사건도 야구계의 일이다.

한국과 해외의 불법 약물 규제의 온도차가 있나?

한국은 KADA와 식약처, 세관이 공조를 강화하며 불법 약물 근절에
나서고 있다. 해외의 경우 2020년에 미국반도핑기구(USADA)의
주도로 의회에서 발의된 반도핑법이 통과됐다. 러시아의 도핑
사실을 폭로하고 미국에 숨어 지냈던 그리고리 로드첸코프
박사의 이름을 딴 '로드첸코프 특별법'이다. 굉장히 강력한 법으로
세계반도핑기구(WADA)의 허점을 보완할 수 있다. 최근 러시아의
발리예바 선수 도핑 건 등 미국 선수가 출전하는 시합에도 적용할 수

있는 여지를 만든 것이다.

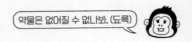
약물은 없어질 수 없나봐. (됴륵)

도핑은 근절될 수 있을까?

어렵다고 본다. 지금 마련된 도핑법에 따라 미스터 올림피아 대회
등을 누군가 신고한다면 당연히 조사가 이뤄지겠지만 누군가 신고할
가능성도 적고 이미 만연한 약물이 근절되진 않을 것이다. 사람들은
향상된 경기력에 익숙해져 있고 계속 보고 싶어한다. 게다가 여기에
대부분의 돈이 몰린다. 훈련을 하며 내상을 입는 것보다 차라리 불법
약물을 투여하는 쪽이 내상을 덜 입는다는 얘기도 있다.

INSIGHT 오래된 욕망

도핑의 역사는 길다. 스포츠 경기의 역사와 궤를 함께한다. 경기력을
향상하고픈 마음은 운동선수 누구에게나 동일하다. 아름답고 싶은
욕망도 마찬가지다. 운동 경기에서 쓰이던 도핑이 심미적 영역으로
넘어온 것은 대중과의 접점을 암시하고 있었다. 보디빌딩 등 신체를
과도하게 가꾸는 운동 영역뿐 아니라 바디 프로필 등 우리 생활과
밀접한 대중적 영역으로 불법 약물이 침투한 것은 우연이 아니다. 불법
약물은 오래된 욕망이 기어이 손에 넣은 '절대반지'다. 식약처와 KADA
등의 공조 강화로 앞으로 불법 약물의 단속은 강화되고 국내 프로
보디빌딩은 크게 휘청거릴 것이 예고된다. 일반인들이 쉽게 접근 가능한
불법 다이어트 약 역시 접근이 크게 제한된다. 보디빌딩이 미의 기준에
미쳤던 영향은 지대했다. 사람들은 누구나 몸짱이 되고 싶어하고 그을린
피부는 건강미의 상징이 됐다. 올 7월 발효된 약사법 개정안은 독성
가득한 미의 기준을 바로잡을 소량의 해독제가 될 수 있다.

©그림: 김지연

FORESIGHT 바디 포지티브

아름답고 싶은 욕망만큼 당연한 것은 행복하고 싶은 욕망이다. 몇 년 전부터 패션계에 부는 강한 바람 중 하나는 '바디 포지티브(Body Positive)'다. 주어진 그대로 나의 몸을 긍정하자는 의미다. 패션이 규정해 온 몸매를 탈피해 나 자신을 사랑하려는 움직임이다. 인스타그램이 부추기는 과도한 외모 지상주의에 피로감을 느낀 Z세대는 안티 소셜 미디어를 표방하는 비리얼(BeReal)을 주목했다. 인류가 불법 약물로부터 멀어지는 만큼 다음 세대가 다양한 자신의 모습을 긍정할 수 있는 여지는 더욱 커질 것이다. **ⓣ**

  더 많은 이야기는 북저널리즘 라디오에서 만나요!

2039년이면 국내 고령자 가구가 1000만을 넘어선다. 시간과 마음의
여유를 갖춘 노년층, A세대가 새로운 소비자로 주목받기 시작했다.
노후 준비의 영역이 자산 관리에서 자기 관리로 확장되고 있다.
__ 이다혜 에디터

BACKGROUND 고령화

2039년이면 국내 65세 이상의 노인이 가구주인 집이 1000만을 넘어선다. 가구주의 연령도 높아진다. 2020년 가구주 중위 연령은 52.6세였다. 2050년은 64.9세로 전망한다. 노년층이 경제 활동 및 소비에서 점유하는 비율은 꾸준히 증가한다. 이들의 마음을 사로잡는 것이 10년 뒤 기업의 경쟁력이다.

DEFINITION A세대

• 구매력 있고 브랜드 충성도가 높은 노년층이 주목받기 시작했다. 흔히 'A세대'로 불린다.

• 영단어 '에이스(Ace)'에서 유래했다. 기존 실버 세대의 이미지와 달리 자신감이 강하고 구매력 있는 면모를 보인다 해서 붙은 이름이다. 45~64세, 50~70세 등 다양한 연령으로 정의된다.

• 시장은 노년층을 주고객으로 본 적 없었다. MZ세대에 비해선 절약 정신이 강하고, X세대만큼 경제력이 좋지 않다는 인식 때문이었다. 그러나 인생의 3막에서 자산과 자유 시간을 확보한 A세대는 새로운 소비자로 떠오르고 있다.

©그림: 권순문

STRATEGY1 라이프스타일

기존의 실버 세대를 위한 헬스 케어 산업이 주목받던 것과 다르다. 단순히 더 긴 삶을 지속하기 위한 서비스가 아니라 더 나은 현재를 즐기기 위한 산업이 주목받고 있다. 패션, 미용, 가전 제품, 문화 생활 등이 해당된다.

STRATEGY2 국산과 반복

특히 국내 브랜드의 타깃이 된다. A세대는 외국 제품보다 국산 제품을, 새로운 브랜드보다 익숙한 브랜드의 물건을 선호하는 것으로 드러난다. 2021년 12월 TBWA와 한국리서치센터가 50~64세의 A세대 1752명을 대상으로 진행한 설문 조사에서 "물건을 구입할 때 같은 상표만 사는 편"이라고 답한 A세대는 34.5퍼센트로 MZ세대(28.9퍼센트)보다 높았다. "외국 제품보다 국산 제품을 사용해야 한다"고 생각하는 A세대의 비율 또한 82퍼센트로 압도적이었다.

REFERENCE 액티브 시니어

• 더뉴그레이는 '멋진 아저씨를 만들어가는 에이전시'를 표방한다.
패션 및 메이크업 지원, 퍼포먼스 교육을 통해 시니어 인플루언서를 양성한다. 60대 남성 다섯 명으로 구성된 패션 크루 아저씨즈 (Ahjussis)가 대표적이다. 더뉴그레이 권성현 대표의 포부는 이들을 중장년계의 BTS로 키우겠다는 것이다.

• LG전자는 최근 신제품 '퓨리 케어 에어로타워' 홍보 모델로 80대

유튜버 부부를 택했다. 해당 가전 제품을 노부부가 실제 사용해 보고, 원리를 익히고, 본인이 느끼는 점을 편하게 설명하는 것이 콘셉트다. 또박또박 흘러나오는 나레이션, 큼직한 자막 또한 노년층을 타깃으로 한다.

• 현대자동차는 지난 5월 중장년층을 공략한 커스터마이징 아이디어 공모전을 개최했다. 이들의 타깃은 모든 6070세대가 아니다. 은퇴 이후에도 소비 생활과 여가를 즐기며 사회 활동에 적극 참여하는 '액티브 시니어'다.

©ZIGZAG 유튜브

ANALYSIS1 언니열풍

즉 A세대는 자신을 돌볼 줄 알고, 꾸밀 줄 아는 실버 세대 한정이다. 지난해 지그재그의 모델로 발탁된 배우 윤여정, 코리안 그랜마로 성공한 박막례, 패션 인플루언서 밀라논나 등이 주목받았다. 올해로 75세, 75세, 80세다. 중노년 여성 롤모델들의 등장이다. "멋있으면 다 언니"라는 말을 다른 의미로 유행시켰다. 이들은 무기력하거나 도움을 필요로 하는 할머니가 아니다. 새로운 에너지를 발산하고 자기 관리에

철저한 큰언니들이다.

ANALYSIS2 비혼주의

• 2020년 기준 전체 가구의 60.7퍼센트는 기혼 가정이었다. 가구주 기준 미혼이 19.6퍼센트, 이혼이 9.6퍼센트였다. 2050년의 기혼 가정은 45.3퍼센트로 절반 아래로 줄어든다. 대신 미혼 29.6퍼센트, 이혼 14.0퍼센트로 배우자 없는 가구는 늘어날 전망이다.

• 미국의 퓨리서치센터의 〈Summer 2020 Global Attitudes Survey〉에 따르면 "코로나19 동안 가족 간 유대가 강화됐는가"라는 질문에 "그렇다"라고 답변한 한국인은 18퍼센트로, 경제 대국 14개의 평균(32퍼센트)보다 훨씬 낮았다. 오히려 "약화됐다"라는 답변이 10퍼센트를 기록했다.

• 다양한 관계 맺기가 가족이라는 이름의 오랜 제도를 대체하고 있다. 배우자 내조, 자식 교육에 자금을 지출하는 것이 소비의 정석이었다. 정상 가족 이데올로기의 균열은 나에게 의미 있는 관계를 고민하게 했고, 소비 습관의 변화로도 이어졌다. 가족의 미래를 위한 투자는 나의 현재를 위한 소비로 변하고 있다.

나도 이젠 나를 위해 살 거야!

RISK 세대론을 다룰 때 주의할 점

《Z세대는 그런 게 아니고》의 고승연 저자는 프롤로그에서 '세대는 정말 조심스럽게 다뤄야 하는 개념이자 변수임을 강조하고 싶다'며 무분별한 세대론의 위험성을 지적한다. 한 세대가 '썰의 소재이자 주제'로 소비될 때, 그보다 중요한 개인적 요소들이 지워질 가능성이 높기 때문이다.
'사회 경제적 지위(socioeconomic status)'가 대표적이다.

<u>MONEY 3386만원</u>

• 2020년 노년층의 가구총소득 평균은 65~69세 기준 3886만 원,
70~74세 기준 2967만 원, 75~79세 기준 2568만 원, 80~84세 기준
2114만 원이었다. 개인이 아닌 가구 기준이다.

• 2020년 한국의 65세 이상 노인 경제 활동 참여율은 35.3퍼센트였다.
OECD 평균(15.5퍼센트)의 두 배 이상이다. 동시에 65세 이상 노인
빈곤율은 43.4퍼센트였다. OECD 평균(14퍼센트)의 세 배 수준이다.
많이 일하지만 빈곤한 사회가 대부분의 노년층이 마주한 현실이다.

• 2020년대는 베이비붐 세대(1955~1963년 출생)가 노인 인구로
편입되기 시작하는 시기다. A세대와 같은 일부 집단의 영향으로 노인의
경제 수준은 향상되는 동시에, 노인 집단 내 양극화도 심화될 예정이다.
누군가를 할머니, 누군가를 큰언니로 나누는 기준은 연령이 아닌
자본으로 옮겨가고 있다.

 우리나라 노인 빈곤율, 너무 심각한데?

<u>INSIGHT 정체성</u>

A세대와 MZ세대의 가장 큰 차이는 정체성의 유무다. MZ세대는 디지털
리터러시나 가치 소비 등 뚜렷한 정체성이 있다. 그러나 미디어가

주목하는 A세대는 그들만의 문화를 확보한 세대라기보단 소위 '젊게 사는 노년층'에 가깝다. 멋의 기준은 철저하게 젊음의 시선에 초점이 맞춰져 있고, 젊은 세대가 공감하지 못하는 멋은 트렌드가 아닌 습성에 그친다. 즉 A세대가 시장의 타깃을 넘어 유의미한 세대론으로 나아가기 위해 필요한 것은 그들만의 정체성이다. 다만 타 세대와 달리 노인 세대는 하나의 정체성으로 묶이기 요원해 보인다. 너무 오랜 시간을 다르게 살아온 집단이기 때문이다.

ⓒ사진: Filipp Romanovski

FORESIGHT 인생 3막

노인은 그 자체로 존중받았다. 외모와 능력 등의 가치 판단으로부터 비교적 자유로운 세대였다. 이젠 인생 2막 너머의 인생 3막을 요구하는 시대다. 화장을 시작하는 연령대가 점점 낮아져 왔듯, 가치 판단이 적용되는 나이의 범주가 넓어지고 있다. A세대의 등장은 타인으로부터 인정받고 싶은 욕구가 커져 가는 사회를 보여 준다. 노후 준비의 영역은 자산 관리에서 자기 관리로 확장하고 있다. 21세기의 은퇴는 해방이 아닌 또 다른 경쟁의 시작이다.

  더 많은 이야기는 북저널리즘 라디오에서 만나요!

〈미니언즈2〉 해외 개봉과 동시에 #gentleminions 챌린지에 대한 의견이
엇갈린다. 영국 극장을 중심으로 양복을 차려입고 난동을 피우는
청소년 관람객들의 장난 수위가 높아지고 있다. Z세대가 오프라인으로
활동 반경을 넓히고 있다. __ 정원진 에디터

• Z세대가 온라인에만 있을 거란 건 착각이다. 기다림은 끝났다. Z세대는 오프라인으로 활동 반경을 넓히고 있다.

• 일루미네이션 엔터테인먼트의 미니언즈 시리즈가 긴 공백을 깨고 북미에 먼저 개봉했다. 미국 독립기념일 연휴 기간에만 1620억 원에 육박하는 매출을 올렸다. 독립기념일 연휴 기간에 개봉한 역대 영화 중 가장 좋은 성적이다.

• 대단한 오프닝 기록에도 영화보다 관객에 관심이 모이고 있다. 10대들이 극중 악당을 꿈꾸는 등장인물 '그루'처럼 양복을 차려 입고 모여들고 있기 때문이다. 영화 상영 도중 방방 뛰어오르거나 바나나를 던지는 등 난동을 피우고 있다.

NUMBER 5년

• 10대들의 기묘한 난동은 철저히 계획된 장난이다. 숏폼으로 공유되고 있다. 〈미니언즈2(Minions: The Rise of Gru)〉 개봉과 함께 틱톡에 #gentleminions 태그가 넘치고 있다. 영상에서 양복을 입은 10대들은 "5년의 기다림은 끝났다(The 5 year wait is over)"고 외치며 극장으로 향한다.

• 더 할리우드 리포터(The Hollywood Reporter)에 따르면 〈미니언즈2〉 개봉 첫 주말 관객의 34퍼센트가 13~17세 청소년이다. 전작 〈슈퍼배드3〉이 개봉한 2017년엔 8~12세에 해당하는 나이이다.

⟨미니언즈2⟩는 예고편이 공개되고 개봉까지 2년이 걸렸다. 코로나 판데믹은 한창 밖에서 놀아야 할 세대를 온라인 공간에 묶어 두었다.

• 그동안 Z세대는 보호자 없이 극장에 갈 수 있는 나이가 되었다. 부모님과 봤던 애니메이션 시리즈를 '친구'들과 같이 본다는 건 성장을 의미하기도 했다. "5년의 기다림은 끝났다"는 메시지가 중의적으로 읽히는 이유다.

나도 처음으로 친구들이랑만 놀러 가던 날이 기억나!

DEFINITION #gentleminions

Z세대는 극장에 온라인 문화를 그대로 가지고 갔다. ⟨미니언즈2⟩ 해외 상영관에는 단체 양복을 맞춰 입은 청소년 관람객 무리가 주를 이룬다. 관련 영상은 #gentleminions라는 해시태그를 달고 빠르게 퍼지고 있다. 이 챌린지는 틱톡에서 시작됐다. 미국 틱토커 'Meme Zee'의 영상이다. 영화와 전혀 상관없는 이야기로 시작한다. 그리고 '미니언즈2'를 보러 가는 사람들은 양복을 입어야 한다는 내용으로 마친다. 스트리밍이 디폴트인 Z세대에게 극장에 가는 건 이벤트다. 맥락 없는 이 영상이 제안한 건 이벤트에 특별함을 더해줄 요소였다.

ANALYSIS 방향의 전환

#gentleminions 챌린지는 숏폼으로 전개된다. Z세대는 왜 숏폼에 열광할까. 숏폼의 시작은 방향의 전환이었다. 오랫동안 영상의 기준은 가로였다. TV를 기준으로 영상값이 고정됐기 때문이다. 이후 PC가 보급되고 모바일이 등장해도 영상은 여전히 가로 방향이었다. 4:3이었던 표준 비율이 16:9로 바뀌기만 했다. 숏폼이 이를 바꿔놓았다.

틱톡이 처음 등장했을 때, 가장 주목을 받은 것도 세로 화면이었다. 숏폼의 시작은 고정관념을 바꾸는 일이었다. 화면 방향을 바꾼 숏폼은 영상 길이도 확 줄였다. 이는 Z세대의 문법과 닿아있다. Z세대에게 고정된 관념은 없다. '마땅히 그래야 하는 것'은 없다. 방향의 전환, 다시 말해 발상의 전환에 Z세대는 열광했다.

©사진: Amanda Vick

KEYPLAYER 틱톡

Z세대는 틱톡을 론칭 2년 만에 유니콘 기업에 올려놓았다. 틱톡의 성공을 기점으로 많은 숏폼 플랫폼이 나왔다. 대표적으로 인스타그램의 '릴스'가 있다. 하지만 두 플랫폼은 접근부터 달랐다. 콘텐츠 마케팅 인사이트 2022 컨퍼런스에서 모두 '발견'이라는 키워드를 사용했지만 릴스는 '발견되길 바란다'고 밝혔다. 실제로 릴스는 인스타그램이라는 안정적인 기반 위에 연예인이나 인플루언서가 중심이 되는 경우가 많다. 반면, 틱톡은 '발견하길 바란다'고 밝혔다. 유저가 재미를 발견할 수 있도록 접근성을 낮췄다. 다른 유저 영상을 이어찍거나 재가공해 공유하는 문화를 만들었다. 틱톡은 재미를 놓아두었고, Z세대는 이를 발견했다.

 틱톡과 릴스의 차이점이 이거였군!

©사진: Solen Feyissa

RECIPE 복제와 스토리텔링

Z세대에게 뛰어난 원본은 중요하지 않다. Z세대에게 재미는
누가 얼마나 더 잘 재가공하느냐를 겨루는 문제가 됐다. 복제와
스토리텔링은 밈의 핵심이다. 여기서 '발견하길 바란다'는 틱톡의 말이
의미심장해진다. 틱톡이 제시한 재미의 공식은 이미 존재하는 것이기
때문이다. 사실 복제와 스토리텔링은 모든 인류가 공유하고 있는
본능이다.

• 복제 ; 우리가 알고 있는 밈(Meme)이란 단어는 진화생물학에서
기원했다. 모방이라는 뜻의 미메시스(Mimesis)와 유전자라는 뜻의
진(Gene)이 합쳐진 말이다. 모방되어 전달되는 문화적 유전자를
뜻하는 용어로 사용됐다. 전달되기 위해서 무한 자기복제를 거치는
과정이 온라인 콘텐츠 전달방식과 닮아있다.

• 스토리텔링 ; 밈은 온라인을 통한 놀이지만, 그 기반은 전통적 방식과
다르지 않다. 놀이란 구성원들이 자유롭게 합의한 규칙에 따라 특정한
시간과 공간에 몰입하는 행위다. 밈은 자기복제 과정에서 스토리를

품는다. 합의된 스토리는 공감을 낳는다. 〈이야기의 기원〉의 저자 브라이언 보이드(Brian Boyd)는 스토리텔링이 인간의 진화 과정에서 나타났다고 말한다. 끊임없이 이야기를 만들고 공유하는 건 인간의 오래된 본능이다.

REFERENCE 버니 샌더스와 정세균

• 지난 조 바이든 미 대통령의 취임식에서 버니 샌더스 상원의원이 별안간 신 스틸러가 됐다. 각계 고위 인사들이 총출동한 취임식에 샌더스는 등산복 차림으로 나타났다. 손뜨개 장갑을 끼고 다소 불만스럽게 앉아 있는 사진은 온라인 상에서 여기저기로 복제되었다. 주한미국대사관이 '사랑의 김장 담가주기' 사진에 샌더스를 편집한 밈을 국내에 공유하기도 했다. 전 세계적으로 복제된 샌더스 밈엔 스토리가 쌓였다. WP는 샌더스 밈을 두고 "세계가 코로나 판데믹으로 경제·사회적 분열을 겪으며 휘청거리는 상황에서 누리꾼들이 샌더스 의원의 다소 불만스러운 표정에 정치인과 정치 체제에 대한 반감을 투영한 것"이라는 분석까지 내놨다.

• 그런가 하면 지난 대선 경선 과정에서 정세균 전 총리는 틱톡 영상으로 곤혹을 겪었다. '독도는 한국 땅'이라는 내용의 영상이었다. 캐나다 퀘벡주 정부 기획의 '레스트페페' 계정에 올라온 영상의 구도와 비슷하다는 지적에 표절 논란까지 불거졌다. 재가공이라는 틱톡의 문화가 익숙하지 않은 세대에서의 문제 제기였다. 하지만 이마저도 스토리가 되어 틱톡 세대의 밈이 되었다.

샌더스 밈이 궁금하면 눌러봐.

STRATEGY 전유

재가공의 문화에 익숙한 Z세대가 재미의 효과를 극대화하기 위해 택한
건 전유(appropriation)다. 문화연구에서 전유는 특정 문화자본을 내
것으로 만드는 것을 말하는데, 콘텐츠가 가진 맥락을 변경함으로써
다른 의미를 덧씌운다. 중요한 건 원본에 적대적인 형태로
재가공한다는 점이다. 전유는 주로 맥락을 전복함으로써 이뤄지기
때문에 대상이 권위적이면 권위적일수록 효과가 크다. Z세대에겐
샌더스 밈을 둘러싼 WP의 '장황한' 해설이, 정세균 전 총리의 틱톡
영상을 향한 '진지한' 문제제기가 재미 요소가 된다. 조금이나마 권위가
엿보이면 전유의 대상이 된다.

어리다고 놀리지 마세요~
해학과 풍자의 Z세대입니다.

RISK 또래효과

#gentleminions 챌린지의 주체가 되는 연령은 13~17세다.
또래효과(peer pressure)로 인한 심리적 압박이 강할 때다. 또래효과는
때때로 과잉된 열광을 낳기도 한다. #gentleminions 챌린지에 대한
의견이 엇갈리는 이유다. 양복을 입은 일부 청소년 관람객들의
난동으로 인해 피해를 호소하는 극장도 있다. 영국의 한 극장은 양복
입은 단체 청소년 관람객의 입장을 제한했다. 몇 극장은 〈미니언즈2〉
상영을 금지하기도 했다. Z세대의 주된 SNS 이용동기 중 하나는
소외감이다. '친구들이 하니 나도 해야한다'는 압박에서 자유로울
수 없다. 그러한 압박은 온라인 공간에서 더욱 크게 느껴진다. 언제
어디서든 타인과 만날 수 있는 초연결 시대지만, 연대의 감각은
느슨하기 때문이다. 느슨한 관계는 쉽게 소외감에 대한 불안을
불러온다. 집단 열광(Collective Effervescence) 이면에 있는 문제를

함께 읽어야 하는 이유다.

INSIGHT 알고리즘 네트워크

코로나 판데믹으로 집 문이 닫혀 있는 동안, 또래 문화를 형성하는
방법이 바뀌었다. 동네에서 만나 재미를 공유하고 문화를 나누던
시대는 지났다. Z세대는 알고리즘을 중심으로 네트워크를 형성한다.
동네라는 같은 공간이 아닌 #해시태그라는 같은 관심사를 공유한다.
알고리즘을 중심으로 모인 세대는 폐쇄적이다. 관심사가 다르면 아예
만나지 못한다는 뜻이다. 밖에서 보면 맥락이 없어 보이는 상황도
알고리즘 안에선 당위성을 가진다. 〈미니언즈2〉 상영관에 양복 입고
나타난 모습이 뜬금없어 보일지 모르지만, Z세대에겐 그들의 알고리즘
안에서 서서히 형성된 하나의 문화현상이다.

FORESIGHT 밈이라는 무기

Z세대에게 '마땅히 그래야 하는 건' 없다. 권위도 언제든 전복시켜
버리는 Z세대다. 양복 입은 관람객에 대한 입장 제한 조치 후,
#gentleminions 챌린지는 더 거세졌다. 영화관에 붙은 입장 제한
안내문을 찍어 올리고, "우리를 막을 수 없다"며 평상복 안에 양복을
갖춰 입고 영화관으로 향한다. 자리에 앉아 평상복을 벗어 버린다.
양복을 입은 채 다시 엄숙한 표정으로 미니언즈들을 바라본다. 어떤
상황도 밈화한다. 이것이 Z세대가 문화를 누리는 방식이다. 가장 큰
아이러니가 여기서 발생한다. 권위를 우습게 만드는 힘이 그들이
앞으로 가질 권력이 될지도 모른다. ⓣ

  더 많은 이야기는 북저널리즘 라디오에서 만나요!

톡스에서 내 일과 삶을 변화시킬 레퍼런스를 발견해 보세요.
사물을 다르게 보고 다르게 생각하고 세상에 없던 걸 만들어 내는
혁신가를 인터뷰했어요.

우리 모두는 픽션 속에 산다

정지돈은 2013년 《문학과 사회》의 신인문학상에 단편소설 〈눈먼 부엉이〉가 당선되면서 등단했다. 정지돈의 소설은 하나의 명쾌한 답으로 나아가지 않는다. 불친절한 소설이라는 평가를 받기도 하지만, 정지돈에게 있어 세계는 하나의 통일된 덩어리가 아니다. 그보다는 우연적이고 파편적인 것들의 조각 모음에 가깝다. 그의 신간 《…스크롤!》에는 다양한 균열이 등장한다. 음모론과 메타버스가 대표적인 사례다. 모두가 견고하다고 생각했던 가상과 현실, 진실과 거짓, 필연과 우연 사이에 균열이 생기기 시작했다. 우리는 지금 여기를 장악한 음모론을 다시 바라봐야 하지 않을까? __ 김혜림 에디터

《…스크롤!》은 두 가지 갈래로 전개되는 소설이다. 'NE' 라인은 일종의 SF로, 음모론을 수사하는 '미신 파괴자'와 '켄-D'라는 약물을 이용해 존재론적 행방불명자가 되는 이들을 다룬다. 'SE'라인은 메타북스라는 서점에 근무하는 직원들의 이야기를 다룬다. 절반은 SF고 절반은 아닌 셈이다.

언제나 이분법을 넘어서는 글을 중시했다. 신간 《…스크롤!》도 같은 맥락이라고 볼 수 있을까?

이분법은 우리 사고에 큰 영향을 준다. 자연과 인공, 남과 여의 구분만 생각해 봐도 그렇다. 내가 가장 큰 관심을 갖고 있는 건 '팩트'와 '픽션'의 구분이다. 대부분의 사람들은 현실이 먼저 있고, 그 현실을 반영하는 픽션이 소설이라고 이야기한다. 이런 순서라면 현실을 기준으로 픽션을 판단할 수밖에 없다. 그런데 생각해보면 사실 현실 자체가 픽션으로 구성돼 있다. 정확히 말하자면 물리적 실제와 픽션이 뒤섞여 있다고 할 수 있다. 《…스크롤!》 역시 마찬가지다. 하나는 SF고, 나머지 하나는 현실이다. 누군가는 SF 라인을 픽션으로, 또 그것이 아닌 쪽을 현실이라고 이해할 것이다. 그런데 결국 소설 속에서 둘은 하나로 연결돼 있다. 심지어는 결말 부분에 가면 그 구분 자체가 무화된다. SF(Science Fiction)라는 말 자체도 온전한 픽션이라고 할 수 없다. 우리가 지금 살고 있는 세계에서 과학(Science)을 따로 구분할 수 없지 않나. 우리는 언제나 SF적인 세계에서 동시대를 살고 있다.

음모론에 대한 관심도 그로부터 출발했다고 볼 수 있을 것 같다.

음모론은 현실에서 설명하지 못하는 것을 모두 설명하는 비밀이 있다는 것에서 출발한다. 흥미로운 건 음모론을 만들고, 믿는 사람들이 사건과 진실 사이의 관계가 완벽하게 인과적이고 논리적이라고 생각한다는 점이다. 그들은 현실에 완벽한 의도와 이유가 존재한다고 믿는다. 그런데 사실 그렇게 인과적으로 완벽한 구조는 픽션적 상상의 영역이다. 음모론은 이 픽션의 구조를 현실이라고 생각한다.

전 세계가 음모론의 현실 침투랄까, 폭발을 목격했던 때가 큐아논(QAnon)의 국회의사당 점거였던 것 같다.

피자 게이트 같은 음모론들을 보며 흥미롭다고 생각하기도 했지만, 굉장히 위험한 토대가 있다. '대체주의(Great Replacement)'라는 인종주의적 음모론이다. 흑인과 아시아인이 백인 문화를 위협한다는 식의 논리를 편다. 유럽에서도 크게 유행했고, 미국에도 엄청난 영향을 줬다. 장 르노 카뮈(Jean Renaud Camus)라는 프랑스 정치 철학자가 유색 인종이 백인 문화를 절멸시킬 것이라고 이야기한 것에서 시작됐다. 수많은 총격 사건이나 프랑스를 비롯한 유럽의 극우 정당들이 이를 내세웠다. 테러를 저지른 이들은 이미 백인과 유색인종 사이에 전쟁이 벌어졌다고 믿고 있다. 백인 노동자로서 총을 들고 이 공격에 대응하겠다고 생각하는 식이다.

트럼프가 소셜 미디어를 출시했대요.

©사진(위): Ehimetalor Akhere Unuabona ©사진(아래): greatawakeningmap

한국과도 멀지 않은 이야기처럼 들린다.

최근 한국의 난민 혐오가 내게는 정말 이상하게 다가온다. 생각보다
더 강고하고, 난민들이 한국을 망칠 것이라는 걸 당연하게 믿고
있다. 정치권의 혐오 발언이나 커뮤니티의 언어도 문제지만 한국의
픽션도 적잖은 영향을 끼쳤다고 생각한다. 동포, 난민을 다룬 몇몇
영화들이 시간 때우기 식으로 소비됐지만, 사람들은 사소하게라도
그를 내면화했을 것이다. 초등학생들이 차를 쫓아오는 영상을 보며
'민식이 법'을 두려워하는 이들도 마찬가지다. 대체주의의 구조는
한국과도 멀지 않다. 그러나 그를 따르고 믿는 이들을 무작정 비판하는
것에서 조금 더 나아가야 한다. 이런 음모론적인 구조가 우리 사고의
근본적 틀을 이루고 있다는 걸 잊지 않는 게 중요하다. 음모론은 분명
지금 벌어지는 일련의 사건들에 힘을 실어주는 구조다. 그 메커니즘을

넘어서는 다음 단계의 문명을 생각하는 일이 필요하다.

> 듣다보니 우리가 흔히 말하는 선동이나 프로파간다와 같은 정치적 수사와도 유사해 보인다. 히틀러는 '유대인이 위대한 게르만을 망치고 있다'는 프로파간다를 폈다.

히틀러의 말은 분명 음모론이다. 음모론은 프로파간다보다 조금 더 보편적인 구조를 칭하는 것 같다. 모든 프로파간다가 음모론은 아니지만 프로파간다가 힘을 가지려면 음모론이 필요하다. 음모론은 비밀이 있고, 그 뒤에 진실이 있다는 식의 이분법을 차용한다. 그와 유사하게 프로파간다는 선과 악이 언제나 분명하다. 이 음모론적 구조를 가진 프로파간다는 모두가 사용한다. 우파도 쓰고, 좌파도 쓰고, 약자도 쓰고, 강자도 쓴다. 심지어는 예술 비평도 이런 언어를 사용한다. 몇몇 문학 비평들은 지금 유행하는 포스트 모던적이고 파편적인 서사가 아닌 평범하더라도 진실을 말하는 서사를 찾아야 한다고 말한다. 이런 식의 언어는 사람들로 하여금 '정말 진실만을 말하는 문학이 있다'고 믿게 한다. 그런 점에서 음모론의 구조를 공유하고 있다.

©사진: DedMityay

음모론은 역사적으로 늘 존재해 왔지만 지금은 그 어느 때보다
음모론의 힘이 센 것 같다. 이유가 무엇이라고 생각하나?

텍스트의 절대적인 양이 굉장히 많아졌다. 인류 역사상 이렇게까지
많은 텍스트가 쏟아져 나온 때가 없었다. 지금은 모두가 문자 메시지를
보내고 댓글을 단다. 모두가 매일 읽고 매일 쓰는 셈이다. 옛날에는
글과 텍스트가 귀족의 것이었지만 지금은 모두의 것이다. 게다가
인터넷, 디지털, 웹이 그 무수한 텍스트와 결합돼 있다. 인터넷은
음모론이 자라날 수 있는 가장 비옥한 텃밭이다. 결국 세상은
음모론적인 사고와 구조가 확산하는 쪽으로 이동할 것이다. 중요한 건
우리가 그를 어떻게 사유하고 조절할 것인가의 문제다.

 얼마 전 정말 이상한 음모론, SF 웹사이트를 봤어요!

지금의 정보 생산은 텍스트뿐 아니라 딥페이크와 알고리즘까지
나아갔다. 새로운 기술들이 음모론을 더 격화시키기도 한다. 누
군가는 유튜브의 가짜 뉴스를 믿고, 가짜 뉴스만을 생산하는 유
사 언론까지 생긴 세상이다.

텍스트의 과잉은 가장 기본적인 토대라고 할 수 있을 것 같다. 지금은
거기에 기술까지 덧붙는다. 지금으로서는 먼 이야기지만 우려스러운 건
실제로 존재하는 진실보다 가짜가 더 힘을 발휘하는 상황이 다가오고
있다는 점이다. 가짜의 힘이 더 세지는 상황을 우리가 막을 수 있을까?
어렵다고 생각한다. 막는다는 것 자체가 말이 안 된다. 가상, 혹은
가짜가 일종의 재현이라면 미디어 역사 자체가 재현의 수준을 올리는
방향으로 발전했다. 예전에는 글과 그림이 다였지만 이제는 VR과

3D프린터까지 가지 않았나. 이 기술의 발전을 막는 것보다는 그를
인식하는 게 더 중요한 것 같다.

북저널리즘에서도 가상 인간과 딥페이크,
알고리즘까지 다양한 기술을 다뤘어요.

가짜 뉴스와 관련해 기억나는 사례가 있었는지 궁금하다.

얼마 전 톰 크루즈가 내한을 했다. 그런데 톰 크루즈가 내한할 때마다
항상 나오는 이야기가 있다. 일본에서 일본 기자에게 화를 내고 한국이
최고라는 식으로 말했다는 기사다. 유튜브 뉴스를 보면 CNN 로고까지
달려있다. 그런데 사실 CNN에 검색해보면 아무리 검색해도 그 기사가
안 나온다. 가짜 뉴스다. 사실은 정말 사소한 국뽕 콘텐츠다. 그런데도
댓글이 300개 이상 달린다. 일본에게 분노하고 톰 크루즈에게 호의적인
댓글들이다. 아주 사소한 거짓말이지만 그 안에 모든 서사들이
엮여 있다. 일본이 한국을 지배했던 제국주의 시절, 한국이 일본을
싫어하는 '노재팬' 정서, 백인 옹호 등이 뒤섞여 있는 거다. 사실 이
이데올로기들은 각자가 다 독립된 이데올로기지 않나. 미디어가 이
모든 것들을 엮고 있다.

최근 〈그래도 지구는 평평하다〉라는 다큐멘터리를 봤다. 지구가
평평하다고 믿는 이들을 다뤘는데, 이들에게 있어 평평한 지구는
깨질 수 없는 믿음이다.

사실 우리가 문명 속에서 살아가려면 일종의 가치라고 하는 믿음 체계가
있어야 한다. 일상적으로 사용하는 화폐도 사실은 다 믿음의 결정체다.
이를 테면 톰 크루즈가 일본을 욕했다는 식의 사소한 믿음도 자신이

갖고 있는 신념에 도움이 되기 때문에 믿는 것이다. 사람들은 자신이 이미 믿고 있는 현실에 도움이 되고 보탬이 되는 정보를 받아들인다. 지구가 평평하다고 말하는 가설도 마찬가지다. 소위 말하는 엘리트나 권력자가 우리를 속이고 있고, 자신은 진실을 안 소수라고 믿는다.

©사진: Kevin Carden

가치에 대한 믿음은 우리 모두가 내면화하고 있다.

픽션과 현실이 뒤섞이는 메커니즘 자체는 모두가 갖고 있다. 누군가는 인생의 의미를 가족에서 찾지만, 가족이라는 것의 중요성도 사회적으로 오랜 시간 형성된 픽션이지 않나. 음모론을 다루는 대부분의 논의는 "현실이 있는데 왜 현실을 안 봐!" 하는 식의 다그침에서 그치는 경우가 많다. 거짓과 음모를 믿는 이들을 이상하다고 치부한다. 그런데 우리는 더 나아갈 필요가 있다. 현실이 음모론으로 바뀌지 않을 수 있게 하는 새로운 믿음 체계를 우리 모두가 끊임없이 만들어야 한다. 새로운 체계가 없는 이상 모든 가짜 뉴스와 신기술이 음모론이 될 수 있다. 다큐멘터리 〈웹 오브 메이크 빌리브〉는 '스와팅'이라고 불리는 장난 전화가 결과적으로 세 명의 죽음으로 이어졌던 사건을 다뤘다.

한국이라면 단순한 장난 전화로 끝날 수 있는 일인데 총기 사고에
민감한 미국의 현실, 경찰의 과잉 대응까지 복잡다단한 과정들이 엮여
살인까지 나아갔다. 지금은 그런 시대다. 사실이든 거짓이든 몇 차례
미디어를 거치면 살아 움직이게 된다. 모두가 픽션을 통해 움직이고
있고, 미디어가 그 픽션들을 연결하고 결합하게끔 한다. 가짜 뉴스가
위험한 이유다.

음모론의 창궐을 반지성주의와 연결하는 논의도 많이 보인다.

사실은 반지성주의 자체를 진짜 문제라고 할 수 있을까 하는 생각도
든다. 물론 큰 사회적 문제지만 정말로 문제가 되는 건 지성의 개념
자체가 달라졌다는 점이다. 가짜 뉴스나 커뮤니티의 언어를 팩트라고
주장하는 사람들에게 반지성주의를 이야기할 수 있을까? 문제가 되는
발언을 하는 사람들 중에 '지성인'인 사람들이 얼마나 많나. 장 르노
카뮈도 세계적인 학자다. 음모론을 믿고 따르는 사람들도 마찬가지다.
사회적 평가와는 별개로 그들은 자기 자신을 지성적이라고 생각하고
있을 것이다.

왜 지성을 둘러싸고 간극이 생긴다고 보나?

예전에는 지성을 담보하는 일정한 기준이 있었다. 학계의 인정이라든지,
권위를 가진 개인이나 매체의 발언이 그 기준이다. 이를테면 누군가는
뉴욕타임스의 의견을 믿고, 누군가는 동네에서 떠도는 소문을 믿는다고
했을 때, 전자는 지성적이고 정상적인 믿음이고 후자는 아니라고
인식됐다. 그런데 지금은 정보를 생산하는 이들이 바뀌고, 미디어가
변화했다. 누군가에게 뉴욕타임스의 정보와 유튜브의 정보는 같은

정도의 무게감과 중요성을 가진다. 그런데도 우리는 전통적 기준으로 지성을 평가하려 한다. 과연 지금 옛날과 같은 방식의 권위적 기준이 세워질 수 있을까? 또 그것이 예전만큼의 힘을 발휘할 수 있을까? 권위가 흩어진 상황에서 새로운 지성의 기준이 필요한 건 아닐까.

> 윌리엄 버로스의 소설에서 많은 영향을 받았다고 들었다. 버로스의 소설 《네이키드 런치》는 외설물이라는 누명을 벗고자 1966년 재판을 받았다. 재판 과정에서 《네이키드 런치》가 필요한 작업물이라는 것을 강조하더라. 음모론이 사회에 필요한 순기능을 줄 수 있다면 무엇이라고 보나?

음모론은 누구에게나 무기가 될 수 있다. 다시 말해 약자에게 음모론은 구조를 바꿀 수 있는 힘을 주기도 한다. 누군가에게는 살아갈 믿음을 줄 수도 있다. 《…스크롤!》에서도 이를 은유적으로 표현했다. 미신 파괴자는 '인도주의 양파 연합(인양연)'이 음모론을 퍼뜨리는 나쁜 곳이라고 표현하지만, 소설을 읽다 보면 그 판단이 모호해지는 때가 있다. 지금 현실에서 분명 음모론은 나쁜 곳에 더 많이 사용되고 있다. 그러나 조금 시각을 달리 보면 음모론은 생각의 핵심 속에 언제든 자리 잡고 있는 것이다. 소설 속 인도주의 양파 연합은 음모론을 통해 세력을 규합하고 세상을 구하려는 집단이 아니다. 중앙 집권적인 체제를 와해시키고, 각자가 각자의 믿음, 각자의 픽션, 각자의 세계에서 살아가게끔 하기 위해 음모론을 말하는 이들이다. 나는 그런 식이라면 음모론이 세상에 한 가지 재미있는 요소가 될 수 있다고 생각한다. 다만 그것이 음모론이라는 건 인식해야겠지만. (웃음)

북저널리즘 슬랙 클럽에는 완독 클럽 채널이 있어요. 함께 지금 읽는 책을 이야기해요~

때로는 이상한 상상과 믿음이 세상을 더 풍부하게 만든다는 이야기처럼 들린다.

음모론은 현실을 움직이는 픽션이다. 그렇기 때문에 각자의 음모론을 만들어낼 수 있는 에너지와 힘이 중요하다. 사유만 제대로 이뤄진다면 모두가 수많은 이야기를 만들고 증폭하는 게 문명의 수준을 높이는 쪽으로 나아갈 수 있다. 옛날에는 좋은 글을 읽으려면 어렵게 책을 구해 읽어야 했다. 그런데 지금은 SNS와 블로그에도 좋은 글, 재미있는 상상이 너무 많다. 이들이 잘 발굴된다면 모두가 각자의 구조를 갖추고 새로운 현실을 만들 수 있지 않을까. ☻

왼쪽 페이지 위부터 시계 방향으로
미국 극우 음모론의 일종인 큐어논 ©사진: Vice News
〈웹 오브 메이크 빌리브(Web of Make Believe)〉의 공식 트레일러 ©사진: Netflix
정지돈 소설가 ©사진: 정지돈
소설 《…스크롤!》의 첫 부분 ©사진: 《…스크롤!》

"Wie gefährlich ist es zu träumen......
In den Zeiten des RisikoKapitals?"

- Christian Petzold -

위 문장을 번역하면,

"꿈을 꾼다는 건 얼마나 위험한 일인가,
투기 자본주의의 시대에......."

- 크리스티안 펫졸드 -

롱리드는 단편 소설 분량의 지식 콘텐츠예요. 깊이 있는 정보를 담아요.
내러티브가 풍성해 읽는 재미가 있어요.
세계적인 작가들의 고유한 관점과 통찰을 만나요.

치수(治水)가 만사(萬事)

물은 무엇을 원할까? 액체 상태의 물은 충분한 양이 모이면 강물을
이루어 대지를 가로지르거나 중력의 영향에 의해 장엄한 폭포의
형태로 떨어져 내린다. 그러나 현대 사회에서는 물이 깜짝 놀랄 만큼
오랫동안 한자리에 머물기도 한다. 물은 원래 수많은 단계를 거치면서
서서히 이동하지만, 지금의 기반 시설들이 그러한 단계를 생략해
버렸기 때문이다. __ 에리카 기스

©사진: Lucy Nicholson

지난해 인도, 남아프리카, 독일, 뉴욕, 캐나다에서 기록적인 홍수가
발생하여 수백 명의 목숨을 앗아갔다. 하지만, 지금은 미국 서부,
'아프리카의 뿔'이라 불리는 소말리아 반도, 이라크 등에서 가뭄이
발생해 대지가 바짝 마르고 작물들은 말라 죽어가고 있다. 이를
해결하기 위해 제방을 더욱 높이 쌓고, 배수관을 더욱 크게 만들며,
수로를 더욱 길게 건설해야 한다는 요구들이 나오고 있다. 그러나
물길을 제어하려는, 이러한 구체적인 방안들은 성공을 거두지 못하고
있다. 극단적인 기후 재난은 엄중한 진실 한 가지를 드러내고 있다.
도시의 무분별한 확장과 산업적 농업, 그리고 심지어 물을 통제하기
위해 건설된 콘크리트 기반 시설에 이르기까지 우리가 선택한 개발
프로젝트들 때문에 오히려 우리의 문제들이 더욱 악화하고 있다는
사실 말이다. 이기는 것은 언제나 물이기 때문이다. 언제 이기느냐의
문제일 뿐이다.

　　　물은 유연하고 협조적인 것처럼 보이기도 한다. 그래서 우리가
원하는 곳으로 기꺼이 흘러갈 것처럼 생각된다. 그러나 인류 문명이
확장하고 기후가 변화하면서 많은 도시가 완전히 물에 잠겨버리거나,
곡식이 자라는 지표면까지는 끌어올릴 수도 없을 만큼 지하수가
말라붙으며 우리의 삶을 위태롭게 만드는 경우가 점점 더 증가하고

있다. 그러나 물은 어딘가로 완전히 사라진 것이 아니다. 때로는 말라버렸다고 생각했던 물길이 뜻하지 않은 장소에서 솟아나오기도 한다. 우기만 되면 지하층이 물에 잠기는 건물이 있다면, 그 건물이 땅속에 묻힌 물길을 침범했다는 뜻이다. 습지에 지어진 집들이 가장 먼저 침수되는 것도 바로 그 때문이다.

물을 통제하고자 하는 우리의 시도가 실패하는 것을 보고 있노라면, 물이 그 자체의 의도가 있을지도 모른다는 생각이 든다. 물은 대지를 관통하는 길을 스스로 찾아내면서 지표를 깎아내고 때로는 지형에 의해 방향을 바꾸기도 한다. 복원생태학자, 수문지질학자(hydrogeologist), 생물학자, 인류학자, 도시계획가, 조경건축가, 공학자 등 지구촌의 새로운 '물 탐정' 집단은 중요한 질문 하나를 던지고 있다. 점점 더 자주, 심각하게 발생하고 있는 가뭄과 홍수의 영향을 줄이기 위한 중요한 질문이다. "물이 원하는 것은 과연 무엇인가?"

물이 무엇을 원하는지를 파악하는 것, 그리고 그러한 요구사항을 우리 인간이 살아가는 환경 안에 수용하는 것은 이제 생존을 위해서 매우 중요한 사항이 되었다. 물 탐정들은 인류가 지난 수 세대에 걸쳐서 지형과 수로를 이토록 급격하게 변화시키기 이전에는 물이 어떻게 움직였는지부터 탐색한다. 우리가 교란을 일으키기 전에 물은 각 지역의 암반, 토양, 생태계, 기후와 어떻게 상호작용을 했을까?

물 탐정들이 점점 더 많은 사실을 발견해내고 있다. 이에 따라 왜 특정 지역에 홍수가 반복되는지, 지하수를 더 빠르게 퍼 올리고자 하는 인류의 노력이 어찌하여 정작 시급하게 물이 필요한 지역에 내려야 할 비를 빼앗아 가는지를 조금씩 이해할 수 있게 된다. 그리고 이러한 이해를 바탕으로 우리는 인류가 이미 거주하고 있는 지역 내에 물이 머물 수 있는 공간을 마련함으로써 이러한 문제들을 풀어내는 방법들을 창의적으로 생각해낼 수 있을 것이다.

수많은 도시와 들판, 늪과 습지, 범람원, 그리고 산과 숲. 이 모든 곳에서 물 탐정들이 찾고 있는 해답은 우리가 자연 그대로의 시스템을 보존하거나 회복시켜야 한다는 것, 또는 자연을 모방해서 자연의 일부 기능을 복원해야 한다는 것이다. 그리고 콘크리트 기반 시설을 더 이상 짓지 말아야 한다는 것이다. 이러한 회복 조치들은 자연 기반 시스템(nature-based systems), 녹색 기반 시설(green infrastructure), 저영향 개발(low-impact development), 물순환 관리형 도시설계(water-sensitive urban design) 등 다양한 이름을 갖고 있다. 중국에서는 '스펀지 도시(sponge city)'라는 계획을 통하여 도시 지역에서 빗물을 더욱 잘 흡수하고, 필요할 때 방류할 수 있도록 하는 것을 목표로 하고 있다.

이러한 유형의 해결책은 자연환경과 조화를 이루고 시뮬레이션에 기반을 두고 있기 때문에, 홍수와 가뭄을 줄이는 것 이상의 장점이 있다. 예를 들어, 동물 종의 급격한 감소 문제를 해결하는 데에도 도움이 될 수 있다. 또, 기후변화에 적응하거나, 적어도 기후변화의 속도를 늦추는 데 도움이 될 것이다. 생물다양성을 보호하고 이산화탄소를 저장할 수 있다는 건 단지 물 문제를 해결하는 과정에서 얻어지는 부수적인 효과만이 아니다. 그것은 건강한 지구를 위해 아주 중요한 것이다.

그렇다면 물은 무엇을 원할까? 액체 상태의 물은 충분한 양이 모이면 강물을 이루어 대지를 가로지르거나 중력의 영향에 의해 장엄한 폭포의 형태로 떨어져 내린다. 그러나 현대 사회에서는 물이 깜짝 놀랄 만큼 오랫동안 한자리에 머물기도 한다. 물은 원래 수많은 단계를 거치면서 서서히 이동하지만, 지금의 기반 시설들이 그러한 단계를 생략해 버렸기 때문이다. 대신, 우리는 물을 한 곳에 가두거나 저장하거나 아니면 빠르게 이동시켰다. 물이 서서히 이동하는 단계는 인간의 간섭으로 특히나 쉽게 피해를 입는다. 왜냐하면 물은 범람원이나 습지처럼 좀 더 평평한 장소에 머무르는 경향이 있는데, 대개 그런 지역은 우리 인간이 정착하기 위하여 물을 막거나 빼내기 때문이다.

그러나 대지 위에서 물이 일단 속도를 늦추면서 서서히 움직이면 마법이 일어난다. 수면의 위아래에서 수많은 생명체에게 먹이와 서식처를 제공해주기 때문이다. 자연의 회복력을 더욱 키우기 위한 핵심은 물이 원래의 물이 될 수 있는 방법을 찾고, 대지에서 물이 주변 환경과 상호작용할 수 있는 공간을 확보해주는 것이라고 물 탐정들은 말한다. 혁신적인 물 관리 프로젝트들은 자연적인 패턴과 다소 유사한 방식으로 대지 위에서 물의 속도를 늦추는 것을 목표로 하고 있다. 그래서 나는 이러한 운동을 '슬로우 워터(Slow Water)'라고 부르기로 했다.

패스트푸드와 그 악영향에 대항하여 20세기 말 이탈리아에서 처음 시작된 슬로우 푸드(Slow Food) 운동과 마찬가지로, 슬로우 워터의 접근법 역시 맞춤형이다. 그들은 현지의 지형, 기후, 문화를 통제하거나 변형하려 하지 않고, 오히려 그런 요소들과 조화를 이룬다. 슬로우 푸드 운동은 현지의 음식문화를 보존하고, 사람들이 스스로가 먹는 음식이 어디에서 오는 것인지, 그리고 그러한 음식의 생산이 사람들과 환경에 어떠한 영향을 미치는지를 관심을 갖게 하는 것을 목표로 한다. 마찬가지로 슬로우 워터는 대지에서 빠르게 흐르는 물이 여러 문제를 일으키는 방식에 주목한다. 그들의 목표는 물이 자연스럽게 천천히 흐르는 단계를 복원하여 물을 현지에서 사용될 수 있도록 하고, 홍수를 통제하며, 탄소를 저장하고, 다양한 형태의 생명체들이 살아가게끔 하는 것이다.

슬로우 푸드가 현지의 농부들을 지원하고 시골의 대지를

산업개발로부터 보호하면서 먹거리의 이동 거리와 탄소발자국을 줄이는 등 '지역성'을 중시하는 것처럼, 슬로우 워터 역시 지역성을 목표로 해야 한다. 물 부족 문제에 대한 공학적인 대응책은 일반적으로 다른 곳에서 더욱 많은 물을 가져오는 것이었다. 그러나 바닷물의 염분을 제거하고 물을 수송하는 과정에는 엄청난 에너지가 소비된다. 예를 들자면 캘리포니아주 전체에서 전력을 가장 많이 사용하는 곳은 새크라멘토 삼각주(Sacramento Delta)에서 남쪽으로 물을 밀어내는 거대한 펌프 시설이다.

어느 유역 한 곳을 없애거나 그곳의 물을 다른 곳으로 내보내는 작업 역시 공여생태계(donor ecosystem)를 급격히 감소시킬 수도 있고, 그것을 받아들이는 지역으로 생태계를 교란하는 침입종이 유입될 수도 있다. 또한 물에 대한 공학적 접근 방식은 환경 정의(environmental justice)와 관련한 이슈를 안고 있다. 2017년의 연구에 따르면 1971년부터 2010년 사이에 세계 인구의 20퍼센트는 댐을 포함하여 인간이 강에 개입한 시설로부터 물을 얻을 수 있었지만, 24퍼센트의 인구는 더 적은 물을 얻게 되었다고 한다.

또한, 다른 곳에서 물을 가져오는 작업은 그것을 받는 사람들에게도 해를 끼칠 수 있다. 새로운 대형 저수시설은 잘못된 안도감을 들게 한다. 수원지로부터 멀리 떨어져 사는 사람들 입장에서는 물의 공급량에 제한이 있다는 사실을 잘 이해하지 못할 수밖에 없고, 때문에 물을 보존하려는 노력을 덜 기울이게 된다. 그리고 우리가 사용하는 바로 그 물이 지역의 생태계를 어떻게 지탱해주는지에 관해서도 알 수 없다. 미국의 남서부나 캘리포니아 남부, 중동처럼 물이 부족한 지역에 인구를 과도하게 팽창시킴으로써 문제는 더욱 심화하고 있으며, 주민들은 물 공급이 감소하면 쉽게 타격을 입을 수밖에 없다. 물을 이동시키는 것은 또한 도로에 차선을 추가하면 오히려 더욱 많은 자동차가 유입되는 것과 마찬가지의 원리로 물 부족의 악순환을 야기한다.

슬로우 워터는 다양한 토착 문화의 전통을 따르고 있다. 켈시 레너드(Kelsey Leonard)는 미국의 원주민 부족인 시네콕 인디언 국가(Shinnecock Indian Nation)의 주민인데, 그들의 역사적 영토는 현재의 뉴욕주에 해당한다. 그녀는 또한 온타리오에 있는 워털루대학교(University of Waterloo) 환경자원지속가능성대학(School of Environment, Resources and Sustainability)의 조교수이기도 하다. 2020년에 온라인으로 나눈 대화에서 그녀는 토착 문화의 전통에 따르면 물이 "무엇(what)"인지에 대해서 생각하지 않고 물이 "누구(who)"인지를 고민한다고 한다. 전 세계의 수많은 원주민은 물이 살아있을 뿐만 아니라 자신들의 가족이라고 믿는다. "그러한 사고방식 지금 우리가 물을 보호하는 방법을 정하는 데에 큰 영향을 미치고 있습니다." 그녀의 말이다.

©사진: Mark Ralston

물 탐정들은 다양한 믿음을 가진 다채로운 사람들이다. 그러나 그들에게도 공통점이 있다. 통제 중심의 사고방식에서 존중을 중시하는 태도로 사고방식을 바꾸어야 한다는, 개방적인 태도가 그것이다.

우리가 물을 통제할 수 있다는 오랜 환상이 점점 거세지는 재난에
부딪히고 산산이 무너져 내리면서, 우리는 물을 받아들이고 물과의
조화가 가져다줄 수 있는 혜택을 누리는 방법을 배우는 것이 더 낫다는
사실을 서서히 이해하기 시작하고 있다.

1. 도시를 스펀지로 만들자

전 세계에서 중국보다 더욱 급격하게 도시화가 진행된 곳은 없다.
지난 40년 동안 대규모의 인구가 시골 지역을 탈출한 중국에서는
도시 거주자의 수가 급증했다. 1980년에만 하더라도 약 20퍼센트에
불과했던 도시 인구의 비율이 2020년에는 거의 64퍼센트에 이른
것이다. 이처럼 수많은 이들에게 거주지를 제공하고 일자리를 마련하기
위하여 기존의 도시들은 제멋대로 팽창했고, 아예 새로운 도시들도
건설되었다. 건설업자들은 기존의 범람원과 농지를 포장해서 터를
닦았고, 숲의 나무들을 쓰러트렸으며, 강의 물줄기를 바꾸었다. 이로
인해 예전 같으면 지표면에서 충분히 흡수되었을 양의 폭우가, 이제
달리 갈 곳이 없어지면서 제방 위로 넘칠 수밖에 없게 되었다. 바로
그런 상황에서 중국의 수도, 베이징이 심각한 홍수를 겪게 된다.
　　2012년 7월 21일, 60년 만에 최대의 폭풍우가 베이징을
강타했다. 도시의 일부 지역에는 최대 460밀리미터의 비가 쏟아지면서
지하도에는 물이 차오르고 도로는 1미터 높이로 침수되었다.
조경건축가인 유공지엔(俞孔堅)은 일터에서 집으로 간신히 돌아왔다.
"저는 운이 좋았습니다. 많은 사람이 자동차를 버리고 가더군요."
그가 설명했다. 폭우는 잦아들었지만 도시는 혼란에 빠졌다. 모두
79명이 사망했는데, 그 중의 상당수가 자신의 차량 내부에서
익사했거나, 감전됐거나, 무너진 건물에 깔려 있었다. 피해 면적은

1만4000제곱킬로미터에 달했으며, 피해 금액은 거의 20억 달러에
달했다.

유공지엔은 저명한 조경회사인 튜렌셔지(Turenscape, 土人设
计)의 공동설립자이자 슬로우 워터 운동을 이끄는 인물이다. 그러나
그는 당시에 좌절하고 말았다. 이미 몇 년 전 중국 정부에 재난이 닥칠
것이라고 경고했었기 때문이다. 구체적으로, 도시의 '생태적 보안
패턴(ecological security pattern)'이라고 이름 붙인 내용을 지도로
제작하는 연구팀을 이끌면서 중국 정부에 홍수의 위험성이 높은
구역이 어디인지를 보여주고, 그 지역에서의 개발을 시급히 중단하는
한편, 폭우를 흡수하는 지대로 활용할 것을 촉구했다. 그러나 중국
정부는 그의 권고를 무시했다. 2018년 베이징에서 만난 유공지엔은
이렇게 말했다. "2012년의 홍수는 우리에게 생태적 보안 패턴이 삶과
죽음의 문제라는 교훈을 가르쳐 주었습니다."

도시의 무질서한 확장으로 인해 중국의 물 부족 현상은 더욱
악화하고 있다. 특히 북부와 서부 지역에서 상황은 더욱 심각하다.
중국에서 인구밀도가 가장 높은 도시들에서는 빗방울이 건물과
도로, 주차장 위로 떨어지기 때문에, 토양에 흡수되는 수분의 비율은
약 20퍼센트에 불과하다. 대신, 전 세계의 다른 수많은 도시들처럼
그곳에서는 배수관과 파이프로 빗물을 흘려 보내고 있는데, 유공지엔은
물이 부족한 나라에서 그러한 행위는 미친 짓이라고 생각한다. 중국
북부의 다른 도시들과 마찬가지로 베이징은 여름의 장마철을 제외하면
상당히 건조한 편이다. 이 도시는 지난 수십 년 동안 계속해서
증가하는 인구와 치솟는 소비량을 뒷받침하기 위해 지하수를 퍼 올려
왔다. 이에 따라 지하수면이 매년 약 1미터씩 낮아지면서 땅바닥도
가라앉게 만들고 있다. 이러한 현상은 멕시코시티나 캘리포니아의
샌호아킨밸리(San Joaquin Valley)와 같은 지역에서도 일어나고 있는

일이다.

유공지엔은 중국이 오래된 도시들을 재정비하고 새로운 도시를 설계하면서, 물의 자연스러운 흐름에 대항하지 않고 수용하는 방식의 작업을 하도록 하는 일에 앞장서고 있다. 그의 조경 프로젝트에는 홍수를 예방하고 건기를 위해 물을 저장하며 수질 오염을 줄인다는 슬로우 워터의 원칙들이 통합되어 있다.

2012년의 베이징 수해는 하나의 전환점이 되었다. 그로부터 한 달 뒤, 튜렌셔지가 베이징에서 북동쪽으로 약 1300킬로미터 떨어진 도시인 하얼빈을 대상으로 제시한 빗물 프로젝트는 미국 조경협회(ALSA)로부터 최고상을 받았다. 중국의 국영 텔레비전은 당시 세간의 이목을 끌었던 유공지엔과의 인터뷰를 내보냈다. 그는 나중에 정부의 한 각료로부터 시진핑 주석이 그 인터뷰를 시청했다는 이야기를 들었다. 1년도 채 지나지 않아 시진핑은 중국의 중앙도시화작업회의(中央城镇化工作会议)의 회의장 앞에서 스펀지 도시(海绵城市)에 관한 계획을 발표했다. 이로써 비주류의 개념에 불과했던 이 아이디어는 국가적인 사명으로서 탄력을 받게 되었다. 이는 그의 전임자들이 산업적 문명화를 이루는 과정에서 초래한 오염과 홍수의 위험 등을 포함하는 제반의 비용들을 제거하는 것을 목표로 시진핑이 추진하는 생태적문명화(生态的文明化) 계획의 일환이었다. 중앙집권적 정부 체계인 중국은 엄청난 속도로 자국의 산업과 경제를 쌓아 올렸다. 그와 비슷하게 이제는 대부분의 나라들이 감히 고려조차 하기 어려운 규모로 스펀지 도시의 건설을 추진하고 있다.

1992년 이후 전 세계에서 도시로 뒤덮인 대지 면적은 두 배로 증가했고, 그때문에 도시의 홍수 문제는 특히나 심각해졌다. 존스홉킨스대학교의 연구진은 물이 스며들지 못하는 지표면이 어떤 식으로 홍수를 더 증가시키는지를 계산했다. 도시의 투습성 대지에서 도로나 인도, 주차장 등에 의해 뒤덮인 면적이 1퍼센트씩 늘어날 때마다, 그곳에서 바로 흡수되지 않고 인근의 수로로 흘러드는 빗물의 양은 연간 3.3퍼센트 증가한다. 이러한 추세에 대응하기 위하여 스펀지 도시 프로젝트는 도시 전역에서 물이 지하로 가라앉을 수 있는 장소들을 찾아낸다.

스펀지 도시 시스템은 이러한 기능들이 서로 잘 연결되어서, 불어난 빗물이 최대한 가까이 자연스러운 물길을 따라서 이동할 수 있을 때 가장 잘 작동한다. 도시는 강 옆에 있는 오래된 산업지대를 공원으로 바꿀 수 있고, 기존의 포장도로들 사이에는 지표면의 빗물이 흐르는 길을 낼 수 있다. 그러한 수로에는 수생식물들을 심고, 물이 스며드는 웅덩이를 조성하며, 수로의 벽면에는 물이 스며드는 소재를 사용할 수 있을 것이다. 이러한 아이디어의 핵심은 자연을 최대한 모방하는 것이다. 인간이 사용하는 공간을 양보할 수 없는 경우가 있다면, 설계자들은 물이 스며들 수 있는 포장이나 빗물을 흡수할 수 있는 친환경 지붕과 같은 대체물을 사용하게 된다.

중국 정부는 2015년에 16개 도시에서 시범사업을 개시했고, 2016년에는 14개 도시를 추가했다. 각각의 프로젝트가 차지하는 면적은 적게는 13제곱킬로미터에 불과하기도 했지만, 일부 지역은 훨씬 더 넓은 경우도 있었다. 시범사업의 목표는 도시의 홍수를 줄이고, 향후의 사용을 위해 물을 저장하며, 오염물질을 제거하고, 자연스러운 생태계를 개선하는 것 등이었다. 2020년이 되자 각 프로젝트의 목표는 지역별 연평균 강수량의 70퍼센트를 현지에 보존하는 것이 되었다. 이 정도 수준이면 홍수의 예방에도 도움이 되고 건기를 위해 지하에 저장할 물의 양으로도 적당하다고 본 것이다.

중국 정부는 이러한 목표를 달성했다고 밝혔다. 물론

중국 정부의 스펀지 도시 사업은 그 규모가 다른 나라들의 관련 프로젝트들과 비교해서 훨씬 더 야심 차다. 하지만, 그것만으로는 충분하지 않을 가능성이 크다. 2021년도에 시범도시 가운데 하나인 정저우(鄭州)에 폭우가 내리자 이곳에서는 여전히 심각한 홍수와 인명피해가 발생했다. 수천 제곱킬로미터에 달하는 거대한 도시에서 겨우 13제곱킬로미터의 면적으로 빗물을 흡수하는 것만으로는 수해를 예방하기에 충분하지 않았던 것이다.

©사진: AFP

유공지엔을 비롯한 도시의 물 탐정들은 지역의 분수계(watershed) 전체에 걸쳐 물이 천천히 흘러갈 수 있는 물길을 찾으면서 더 넓은 범위에서 물을 관리하는 방법을 모색하고 있다. 참고로 이러한 분수계는 종종 관할 지역의 경계를 벗어나기도 한다. 도시 한 곳의 홍수 문제를 해결하기 위해서는 상류에 있는 지역사회 및 토지 소유주들과의 조율이 필수적인 경우가 많다. 이상적인 상황이라면 도시설계자가 빗물이 떨어지는 바로 그 지점에서 가능한 모든 물을 흡수하도록 하고, 모든 건물의 지붕에서 흘러내리는 빗물과 상류에 있는 모든 농장의 지표면을 흐르는 빗물을 줄일 수도 있다. 유공지엔은 스펀지 도시를 넘어 스펀지 대지로의 확대를 꿈꾸고 있다. "이것은

대륙 차원의 풍경을 보살피기 위한 철학입니다." 그가 말했다. "이제는
그 규모를 확대할 시점입니다."

2. 물이 스스로의 속도로 흐를 수 있도록

이렇게 자연의 물을 고려하는 도시설계자들은 어떤 프로젝트를 계획할
때 도시가 팽창하기 이전에 물이 무엇을 했는지, 그리고 현재의 제한된
환경에서 어떻게 움직이고 있는지를 파악하는 것으로 조사를 시작한다.
내가 만나 본 많은 물 탐정들과 마찬가지로 튜렌셔지의 직원들도
환경시스템연구소(ESRI)가 만든 공간 매핑 소프트웨어를 사용하고
있었는데, 이 프로그램을 활용하면 산악에서부터 해양에까지 이르는
분수령들을 지도로 그릴 수 있다. 그러면서 홍수 상황과 식물군집의
변화, 인공적인 기반 시설 등 수많은 요소를 모델링한다. 설계자들은 이
프로그램을 이용하여 복잡한 시스템을 파악하는 것은 물론이고, 홍수를
줄일 수 있다. 또한, 다양한 생물종들을 보존하면서 더욱 스마트한
도시를 건설하고 자원의 낭비를 줄이는 등 얽혀있는 복잡한 문제들을
파악하는 것도 가능하다.

　　설계자들이 가장 먼저 그리는 것은 지형이다. 쉽게 말해
지표면에서 높은 지점과 낮은 지점을 표시하는 것인데, 이는 물이
흐르는 데 있어서 중요한 요소이다. 이러한 모델에는 토양의 유형도
포함되어 있는데, 이는 물이 빠지는 과정에 급격한 영향을 끼칠 수도
있다. 또, 식생의 분포 현황도 포함된다. 땅속으로 흡수되는 물의 양과
지표면을 흐르는 양, 그리고 식물에서 대기 중으로 증발하는 수증기의
양이 얼마인지에 따라 식생의 분포가 영향을 미치기 때문이다. 여기에
더해서 토양의 산성도는 복원된 지역에서 어떤 식물들이 잘 자라거나
그러지 못할 것인지를 가른다. 튜렌셔지는 역사적인 자료와 생태적인

데이터뿐만 아니라 지역의 인구, 경제, 교통 등에 대한 정보들도 모델링한다.

데이터는 다양한 출처들로부터 수집된다. 수문학(hydrology) 기록은 강수량과 홍수를 좀 더 정확하게 예측하는 데 도움이 된다. 지형 데이터는 레이저를 이용하여 지상의 건축물들을 조사하는 데 활용되는 라이다(LIDAR) 센서를 장착한 항공기에서 수집할 수 있다. 도시의 지도에서는 교통로, 공원, 주택의 마당, 거대한 지붕이 있는 산업체의 건물 등을 확인할 수 있다. 도시 지역에서는 적절한 토양 관련 데이터를 얻는 것이 까다로울 수 있는데, 건축업자들이 한 지역의 토양을 다른 곳으로 옮기는 경우가 흔히 있기 때문이다. 도시 지역에 어떠한 토질의 흙이 있는지를 확실히 파악하기 위하여 엔지니어링 회사들은 일반적으로 구멍을 뚫어 주요 표본을 채취한다.

슬로우 워터의 실무자들은 이러한 정보를 바탕으로 어떤 특정한 변수가 물의 행동 방식에 어떻게 영향을 미치는지를 더욱 잘 이해할 수 있다. 지형 지도의 제작이 완료되면 그들은 그렇게 만든 디지털 모델상에 가상으로 홍수를 낸다. 이러한 실험을 통해서 그들은 물길이 자연스럽게 흐르지 못하고 처음으로 홍수가 발생하는 병목구간이 어디인지를 파악할 수 있다. 그런 다음에는 지형을 바꿔보기도 하고 습지나 연못 등을 추가하기도 하면서 그러한 각각의 요소들이 빗물의 행동에 어떠한 영향을 미치는지를 지켜본다.

유공지엔은 자신이 이렇게 열심히 노력하는 이유에 관해 설명화면서 자신이 태어나 자랐던 상하이 남서부의 저장(浙江)성에 있는 농경 공동체를 예로 들었다. 인간과 물 사이의 관계를 그 당시처럼 회복시키고 싶다는 것이다. 그곳에서 그는 물을 관리함에 있어 지난 수천 년 동안 이어져 온 중국 '농민들의 지혜'를 목격했다. 농부들은 빗물이 땅에 스며들 수 있게 하고 건조한 시기를 대비해

물을 저장하기 위한 용도로 작은 웅덩이와 둔덕을 만들었다. 장마철이 되면 마을 옆의 개울이 불어났지만, 그 시기가 지나면 수량은 다시 줄어들었다. "저에게 홍수는 신나는 시기였습니다. 왜냐하면 물고기가 논에 들어오고, 연못에도 들어왔기 때문입니다." 그는 홍수가 우리의 적이 될 필요가 없다고 생각한다. "만약 우리가 현명한 방식으로 홍수에 대처한다면, 물도 역시 우리에게 우호적일 수 있습니다."

유공지엔을 만나고 나서 일주일 후, 나는 튜렌셔지가 실제로 진행하고 있는 프로젝트 현장 한 곳을 방문했는데, 그곳은 바로 베이징 가장 바깥쪽의 다싱(大興)구에 있는 융싱강습지공원(永興河濕地公園)이었다. 3년 전 촬영한 위성사진에는 융싱강을 둘러싼, 탁 트인 평지가 보이는데, 강물은 견고한 콘크리트 벽면에 가로막혀서 곧게 뻗어 있었다. 요즘에 찍은 사진을 보면 건물들이 빼곡하게 들어서 있으며, 그 주위로는 강물이 구불구불한 경로를 따라서 좀 더 자연스럽게 지나가고 있다.

이 프로젝트는 내가 그곳을 방문했던 2018년 4월에 거의 완료가 되어 있었다. 공원은 융싱강을 따라서 거의 블록 두 개의 너비에 약 4킬로미터의 길이로 조성되어 있었다. 인부들은 물길의 옆에 설치된 콘크리트를 제거하고 흙을 파내서 강바닥을 넓혔다. 거기에서 파낸 흙은 강의 한가운데를 따라 쌓아 올려서 커다란 둔덕을 만들었고, 그렇게 해서 두 개의 물길이 만들어졌다. 한쪽에서는 강물이 흐르고 있었던 반면, 반대편의 물길에는 다양한 깊이를 가진 커다란 구멍들이 있었는데, 그곳은 물을 걸러내는 웅덩이의 역할을 하면서 강물이 흐르는 방향을 바꾸고 있었다. 건조한 시기가 되면, 걸러내는 역할을 하는 물길에는 하수처리장에서 부분적으로 정화된 폐수가 채워진다. 웅덩이에서 자라는 습지 식물들이 물의 속도를 늦추게 되는데, 그러면서 추가로 폐수를 정화하고 그중의 일부는 지하의

대수층(帶水層)으로 스며들 수 있게 만든다. 장마철이 되면 폐수는
다른 시설에서 처리하고, 이곳은 홍수에 대한 대비를 한다.

콘크리트로부터 새롭게 해방되어 더욱 넓어진 강둑에는
수많은 작은 식물들을 촘촘하게 쭉 심어서 그곳의 흙을 단단하게
붙들고 있었다. 두 개의 물길 사이로 난 오솔길을 걸어서 우리는
어린 버드나무들 곁을 지나갔는데, 나무들은 모두 잘 자랄 수 있도록
버팀목이 든든히 받치고 있었다. 비버(beaver)들이 좋아하는 토종
강기슭 식물인 버드나무는 마치 사이프러스나 맹그로브처럼 뿌리가
공기 중에 드러나 있어서 장기간의 홍수에도 충분히 살아남을 수 있다.
그 외의 다른 곳에서는 갈대, 작은 갯버들, 소엽맥문동 등을 비롯한
토종 식물들이 토양을 단단히 고정하고 있었다. 느릅나무와 미루나무
등을 비롯한 기존의 커다란 나무들도 여전히 잘 보존되어 있었다.

©사진: Miao Qiunao

2020년에 큰 비가 내렸는데, 당시에 유공지엔이 나에게
융싱강습지공원의 사진들을 보내주었다. 2년 전 내가 찾아갔을 때보다
나무와 풀들이 상당히 자라서 무성한 초록의 오아시스로 변해 있었다.
그곳의 물길에는 엄청난 양의 물이 흐르고 있었지만, 어디에서도
범람의 기미는 보이지 않았다.

3. 중국의 가능성과 함정

모든 슬로우 워터 프로젝트에서는 반드시 현지의 기후, 토양, 수문지질학을 고려해야 한다. 중국에서의 물에 대한 수요가 크게 차이 나는 두 도시를 예로 들어보자. 상하이 인근에 있는 장쑤(江蘇)성의 쿤산(崑山)은 제방으로 바닷물을 막아서 개간한 간척지 위에 건설된 도시이다. 때문에 지하수면이 너무 높고, 그로 인해 지표면의 물이 아래쪽으로 스며들지 않는다. 그렇지만 물을 깨끗하게 하는 여과 작업은 필요하다. 중국에서 가장 서쪽에 있는 신장(新疆) 자치구의 사막 도시 호탄(和田)의 연간 평균 강수량은 4센티미터도 되지 않는다. 그래서 그곳에서는 물을 공급해주는 지하수를 보호해야만 한다.

네덜란드에 있는 IHE 델프트 물 교육 연구소(IHE Delft Institute for Water Education)의 도시 홍수 위험 관리 전문가이자 중국 둥난대학(東南大學)의 초빙교수인 크리스 제벤베르겐(Chris Zevenbergen) 교수는 만약 중국이 이러한 도시별 특수성을 무시한다면 스펀지 도시를 향한 거대한 야망이 흔들릴 수도 있다고 말한다. 지난 20년 동안 서둘러 도시들을 개발하느라 건설업자들은 설계상의 불완전함을 제대로 파악할 겨를도 없었고 그것을 수정할 여유도 없었다. 그런 이유로 해당 기간에 중국의 도시들은 광범위한 홍수가 발생하는 문제를 똑같이 경험했다. 스펀지 도시 계획을 서둘러 진행하다 보면 역시 동일한 실수로 이어질 수 있다. 시진핑 주석이 추진하는 계획들은 엄격한 마감 기한이 존재하기 때문에, 그들이 기능성을 제대로 모니터링하거나, 필요하다면 그것을 조정하거나, 노하우를 전파할 수 있는 시간이 허용되지 않을 수도 있다. 제벤베르겐 교수는 "무언가를 배우고 그것을 다시 돌이켜보기 위해서는 시간이 필요하다"고 지적한다.

2017년에 중국의 정부 연구기관들이 작성한 논문을 보면, 그들 역시 천편일률적인 접근방식에 관해서 우려를 표하고 있었다. 제벤베르겐 교수는 중국이 그 과정에서 수많은 실수를 범할 거라고 예상하지만, 그럼에도 그는 이렇게 생각하고 있었다. "결국 그들은 스펀지 도시 분야에서 전 세계를 이끌게 될 것입니다. 재생에너지 분야에서도 똑같은 때도 있었기 때문입니다." 중국은 어떻게 해서든 해내는 문화를 갖고 있다. "중국에 온 이후로 저는 매년 학생들과 함께 무언가를 설계하고, 그다음 해에는 그것을 구현해왔습니다. 이런 상황이 정말로 놀라울 따름입니다."

그러나 어떻게 해서든 무언가를 빠르게 해내는 현실의 이면에는 유지보수 및 사후관리에는 덜 신경을 쓰는 문화가 자리하고 있다. 그리고 친환경 기반 시설에서는 식물들을 가지치기하거나 바꿔 심는 등, 유지보수 작업이 필요하다. 제벤베르겐 교수가 참여하고 있는 중국과 유럽의 동료학습(peer learning) 교환 프로그램이 이러한 부분을 보완하면서 이 분야의 연구 속도를 높이는 데 도움을 주고 있다.

중국은 빨리 배워야 한다. 대개 콘크리트로 지어지기 때문에 회색 기반 시설이라고 불리는 인프라들은 최근의 여름 장마철에 커다란 어려움을 겪었다. 여러 개의 거대한 댐들이 거의 붕괴 직전까지 몰렸으며 200명 이상의 사람들이 목숨을 잃었다. 반면, 양쯔강 유역 한 곳만 살펴보더라도, 그곳에서는 수많은 댐이 물길을 가로막으면서 각각 차이는 있지만 333개의 지류가 말라붙어버렸다.

제벤베르겐 교수는 거대한 댐들을 '멍청한 인프라'의 대표적인 사례라고 부른다. 그런 거대한 회색 기반 시설 프로젝트들은 기후변화의 시대에 오래 살아남기 힘들 것으로 보인다. 건설하는 데만 10년이 걸릴 수도 있고, 특정 최대 유량에 맞춰 설계되어 있기 때문이다. 이에 관하여 제벤베르겐 교수는 이렇게 지적했다. "그

시설들이 효과적으로 작동하려면 우리 인류가 수많은 기후변화의 양상들을 얼마나 예측할 수 있는지를 알아야 합니다. 문제는 그걸 모른다는 겁니다."

그러나 중국은 여전히 댐 건설을 지향하고 있다. 유공지엔은 국가적인 차원에서 스펀지 도시를 홍보하고 있음에도 불구하고 중국의 학교들은 계속해서 20세기의 원칙에 기반하여 엔지니어들을 훈련하고 있다고 지적한다. 그리고 정책 결정이 이루어지는 당국의 사무실에 가보면 여전히 더욱 튼튼한 댐과 더욱 커다란 하수관, 더욱 커다란 빗물 저장 탱크를 선호한다는 사실을 확인할 수 있다고도 했다. 사실, 이런 내용은 전 세계의 물 탐정들에게서 반복해서 들은 내용이기도 하다. 기존의 지배적인 문화를 바꾼다는 것은 물과 대지의 관리에서 새로운 철학이 필요하다는 것을 의미한다. 이와 관련하여 유공지엔은 이렇게 말한다. "우리는 사람들이 생태적인 방식으로 생각하게 만들기 위하여 아주 열심히 싸우고 있습니다." ◉

이 글은 에리카 기스의 《물이 언제나 이긴다: 가뭄과 홍수의 시대에 잘 살아남기(Water Always Wins: Thriving in an Age of Drought and Deluge)》의 내용을 발췌한 것이다.

시끌북적 사무실

(1)홍성주 커뮤니티 매니저 : 우리가 알던 세계의 균열이 일어나고 있어요!

(2)김지연 리드 디자이너 : 바다는 안 들어가고 싶은데 바다 근처 카페는 가고 싶어요.

(3)이다혜 에디터 : 저는 얼른 바다로 들어가고 싶어요. 피서 가서 쓰레기 버리지 말기~

(4)정원진 에디터 : 오늘도 시끌벅적 시끌북저.

(5)신아람 디렉터 : E = hf

(6)조영난 오퍼레이팅 매니저 : 야옹야옹.

(7)김혜림 에디터 : 7월에는 조금 아팠는데요, 균열을 땜질하면 더 튼튼해져요!

(8)권순문 디자이너 : 아. 뜨거워. 제대로 된 태닝은 맛있는 뱅쇼를 만들어낸답니다~

(9)이연대 CEO : Life is like a box of chocolates.

(10)이현구 선임 에디터 : 저도 언젠가 책상 위를 벗어날 날이 올까요?

(11)민혜린 인턴 : 뭔가에 몰두 중인 북저 팀원들, 뭘 하는 걸까요? 정답은 인스타 DM으로!

또 또 현명한 소리한다

제발 광고주가 되어 주세요

THREAD

...혁이 새로운 관점과 만날 때 혁신이 일어납니다. 동료들과 같은 ...
...업무에 곧바로 적용할 만한 아이디어가 떠오르기도 하고, 잘 모르...
...때 고민하던 문제의 해법을 발견하기도 합니다. 좋은 지식 콘텐츠...
...해결을 돕습니다. 깊이와 시의성을 두루 갖춘 지식정보 콘텐츠...
...가를 향상시켜 보세요.

...의 thread@bookjournalism.com